हिन्दी भाषा और मीडिया

यु.जी. ऑनर्स प्रोग्राम, प्रथम सेमेस्टर, एम.डी.सी (Multi Disciplinary Course),
कालिकट विश्वविद्यालय, केरल

अध्ययन मण्डल (यु.जी.)

डॉ. सिन्धु एस.एल.
(अध्यक्षा, अध्ययन मण्डल, यू.जी.)
सह आचार्या, सरकारी विक्टोरिया महाविद्यालय, पालक्काड़, केरल

डॉ. आर. सेतुनाथ
(अध्यक्ष, पी.जी. अध्ययन मण्डल)
प्रोफ़ेसर (सेवानिवृत्त), कालिकट विश्वविद्यालय, केरल

डॉ. मीरा पी.आई.
सहायक आचार्या, हिन्दी विभागाध्यक्षा, सामूतिरि गुरुवायूरप्पन कॉलेज, कोषिक्कोड़

श्री जयेष पी. नायर
सहायक आचार्य, परास्नातक हिन्दी विभाग एवं शोध केन्द्र, गवर्नमेंट आर्ट्स एंड साइंस कॉलेज, कोषिक्कोड़

डॉ. विजय कुमार ए.आर.
असिस्टेंट प्रोफ़ेसर (प्रिंसिपल), सेंट मेरीस कॉलेज, सुल्तान बत्तेरी, वायनाड

डॉ. सौम्या सी.एस.
सहायक आचार्या, हिन्दी विभागाध्यक्षा, श्री नारायणा कॉलेज़, आलत्तूर, पालक्काड़

डॉ. रमीष एन.
सहायक आचार्य, हिन्दी विभागाध्यक्ष,
मलबार कॉलेज ऑफ़ एडवांस्ड स्टडीज़, वेंगरा, मलप्पुरम

डॉ. तेरेसा टिनसी टी.जी.
सहायक आचार्या, हिन्दी विभाग, महाराजा कॉलेज, एरणाकुलम

डॉ. आशा जी.
प्रोफ़ेसर, हिन्दी विभाग, यूनिवर्सिटी कॉलेज, तिरुवनन्तपुरम

डॉ. राखी बालगोपाल
असोसिएट प्रोफ़ेसर, राजकीय महिला महाविद्यालय, तिरुवनन्तपुरम

डॉ. विजयश्री के.वी.
असिस्टेंट प्रोफ़ेसर, हिन्दी विभाग, श्रीकृष्णपुरम वी.टी.बी. कॉलेज, मन्नामपट्टा, पालक्काड़

हिन्दी भाषा और मीडिया

यु.जी. ऑनर्स प्रोग्राम, प्रथम सेमेस्टर, एम.डी.सी (Multi Disciplinary Course),
कालिकट विश्वविद्यालय, केरल

सम्पादक

डॉ. सिन्धु एस.एल.

(अध्यक्षा, अध्ययन मण्डल, यू.जी.)
सह-आचार्या, सरकारी विक्टोरिया महाविद्यालय, पालक्काड़, केरल

डॉ. सौम्या सी.एस.

सहायक आचार्या, हिन्दी विभागाध्यक्षा, श्री नारायणा कॉलेज,
आलत्तूर, पालक्कड़, केरल

डॉ. रमीष एन.

सहायक आचार्य, हिन्दी विभागाध्यक्ष, मलबार कॉलेज ऑफ़ एडवांस्ड स्टडीज़,
वेंगरा, मलप्पुरम

अरुणोदय प्रकाशन

अरुणोदय प्रकाशन

21-ए, अंसारी रोड, नयी दिल्ली 110 002

मोबाइल : 9811053214

e-mail : arunodayaaprakashan@gmail.com

Hindi Bhasha Aur Media

Edited by Dr. Sindhu S.L., Dr. Soumya C.S., Dr. Remish N.

ISBN : 978-93-6287-031-5

प्रथम संस्करण 2024

मूल्य : ₹ 100

अरुणोदय प्रकाशन वाणी प्रकाशन की सहयोगी संस्था

अनुक्रम

हिन्दी भाषा एवं साहित्य

संचार के लिए हिन्दी

भाषा और मीडिया

भाषा और प्रौद्योगिकी

खुले तौर पर/ सुझाये गये विषय
सिनेमा और हिन्दी-अन्तर विषयक दृष्टिकोण

भूमिका

हिन्दी की भूमिका आज विश्व भर फैली हुई है। समाज में साहित्य और सिनेमा के माध्यम से हिन्दी अपनी प्रतिभा एवं प्रतिष्ठा छाप रही है। सम्पर्क भाषा, राजभाषा आदि के रूप में हिन्दी आज महत्वपूर्ण शिखरों पर है। साहित्यिक भाषा के रूप में हिन्दी की गरिमा वैश्विक स्तर पर पहुंची है। प्रेमचन्द, फणीश्वर नाथ रेणु, अज्ञेय, कुंवरनारायण, महादेवी वर्मा, मन्नुभंडारी, अनामिका आदि, साहित्य के विभिन्न काल के महत्वपूर्ण व्यक्तित्व के जरिए हिन्दी अपना साहित्यिक खजाना बढ़ाती रहती है। आज संचार के क्षेत्र में भी हिन्दी की अपनी छाप है।

भौगोलीकरण के समय हिन्दी के सामने संचार की एक विशाल दुनिया खुली है। इस का सदुपयोग भी होता रहता है। व्यक्तित्व विकास में भाषा के सफल प्रयोग का महत्वपूर्ण स्थान है। हिन्दी भाषा के माध्यम से यह भी संपन्न होता है। प्रतियोगी परीक्षाओं में हिन्दी का अपना स्थान है। साक्षात्कार के संदर्भ में संभाषण कुशलता बढ़ानेवाली भाषा है हिन्दी। अनुवाद के संदर्भ में कहने पर इस का बहुत बड़ा उपयोग है। विश्वभर के साहित्य का अनुवाद हिन्दी में होता रहता है और हिन्दी से अन्य भाषाओं में अनुवाद की महत्वपूर्ण भूमिका है। नव माध्यमों में हिन्दी भाषा का सशक्त प्रयोग है। कैप्शन लेखन, फीचर लेखन, रपट, विज्ञापन आदि क्षेत्रों में हिन्दी का योगदान उल्लेखनीय है। सिनेमा के क्षेत्र में हिन्दी भाषा के प्रभाव एवं प्रचार का उदाहरण है, विश्वभर हिन्दी सिनेमा के आस्वादको की संख्या में होनेवाला बढ़ाव। प्रौद्योगिकी के क्षेत्र में भी हिन्दी का स्थान उल्लेखनीय है। विभिन्न वेबसाइटों में हिन्दी का उपयोग इस की जनप्रियता का उदाहरण है। हिन्दी के विभिन्न सोफ्टवेयर, प्रौद्योगिकी में इस की प्रगति का निशान है।

हिन्दी केवल बोलचाल के दायरे में सीमित नहीं है। हिन्दी भाषा और मीडिया के विभिन्न आयामों को परिचित कराने के लिए यु.जी. अध्ययन मंडल ने इस अवसर पर कालिकट विश्वविद्यालय की पाठ्य पद्धति में एम.डी.सी. के अन्तर्गत हिन्दी भाषा और मीडिया को सम्मिलित किया है। मेरा विश्वास है कि आप सब लोग इससे लाभान्वित हो जाएँगे।

–डॉ. सिन्धु एस.एल.
अध्यक्षा
अध्ययन मंडल, यु.जी.
कालिकट विश्वविद्यालय
केरल

हिन्दी भाषा एवं साहित्य

हिन्दी भाषा के इतिहास का अवलोकन

परिभाषा

भाषा वह साधन है, जिसकी सहायता से मनुष्य बोलकर, सुनकर, लिखकर और पढ़कर अपने मन के भावों या विचारों का आदान-प्रदान करता है। जिसके द्वारा हम अपने भावों को लिखित अथवा कथित रूप से दूसरों को समझा सकें और दूसरों के भावों को समझ सकें, उसे भाषा कहते हैं। सामान्यतः मनुष्य की सार्थक व्यक्त वाणी को भाषा कहा जाता है।

भाषा में ध्वनि-संकेतों का परम्परागत और रूढ़ प्रयोग किया जाता है। भाषा के सार्थक ध्वनि-संकेतों से मन की बातों या विचारों का विनिमय होता है। किसी भी समाज या वर्ग के आन्तरिक और बाह्य कार्यों के संचालन या विचार-विनिमय में भाषा के ध्वनि-संकेत सहायक होते हैं। हर वर्ग या समाज के ध्वनि-संकेत अपने विशिष्ट होते हैं और दूसरों से भिन्न होते हैं।

आदिमानव अपने मन के भाव एक-दूसरे को समझाने और समझने के लिए संकेतों का सहारा लेता था, परन्तु संकेतों में पूरी बात समझाना या समझ पाना अत्यन्त कठिन था। हमने अपने मित्रों के साथ संकेतों में बात समझाने के खेल (Dumb show) खेला है। उस समय अपनी बात समझाने में बहुत कठिनाई हुई होगी। ऐसा ही आदिमानव के साथ भी हुआ होगा। इस तरह की असुविधा को दूर करने के लिए उसने अपने मुख से निकली ध्वनियों को मिलाकर शब्द बनाया होगा। इस प्रकार शब्दों के मेल से भाषा बनी होगी।

भाषा शब्द संस्कृत के 'भाष्' धातु से बना है। जिसका अर्थ-बोलना है। कक्षा में अध्यापक अपनी बात बोलकर समझाते हैं और छात्र सुनकर उस बात को समझते हैं। बच्चा माता-पिता से बोलकर अपने मन के भाव प्रकट करता है और वे उसकी बात सुनकर समझते हैं। इसी प्रकार, छात्र भी अध्यापक

द्वारा समझायी गयी बात को लिखकर व्यक्त करते हैं और अध्यापक उसे पढ़कर मूल्यांकन करते हैं। भावों का आदान-प्रदान करने के लिए सभी प्राणियों के द्वारा मन की भाषा का प्रयोग किया जाता है। इसके द्वारा मनुष्य के भावों, विचारों और भावनाओं को व्यक्त किया जाता है। भाषा की सटीक परिभाषा देना आसान कार्य नहीं है। भाषा वैज्ञानिकों ने इसकी अनेक परिभाषा दी है, किन्तु ये परिभाषा पूर्ण नहीं है। हर एक परिभाषा में भी कुछ-न-कुछ त्रुटि पायी जाती है।

साधारणतया सार्थक शब्दों के समूह या संकेत को भाषा कहते हैं। यह संकेत स्पष्ट होना चाहिए। मनुष्य के जटिल मनोभावों को भाषा व्यक्त करती है; लेकिन केवल संकेत ही भाषा नहीं हो पाती है। रेलगाड़ी का गार्ड हरी झण्डी दिखाकर यह भाव व्यक्त करता है कि गाड़ी अब चलने वाली है; किन्तु भाषा में इस प्रकार के संकेत का महत्त्व नहीं है। सभी संकेतों को सभी लोग ठीक-ठीक समझ भी नहीं पाते इसके साथ-साथ इनसे विचार भी सही-सही व्यक्त हो पाते हैं। सारांश के रूप से कह सकते हैं कि भाषा सार्थक और स्पष्ट होना चाहिए।

भाषा यादृच्छिक ध्वनि संकेतों का समूह है। यहाँ शब्द और अर्थ में कोई तर्क-संगत सम्बन्ध नहीं रहता। बिल्ली, कौआ, घोड़ा आदि को क्यों पुकारा जाता है, यह बताना कठिन है। इनकी ध्वनियों को समाज ने स्वीकार करने के पीछे कोई तर्क नहीं है। भाषा के ध्वनि-संकेत रूढ़ होते हैं। परम्परा या युगों से इनके प्रयोग होते आये हैं। आदमी, औरत, बालक, पेड़ आदि शब्दों का प्रयोग लोग प्राचीन काल से करते आ रहे हैं। बच्चे, जवान, बूढ़े-सभी इन शब्दों का प्रयोग करते हैं। क्यों करते है, इसका कोई कारण नहीं है।

भाषा से हमारी योग्यता और अयोग्यता सिद्ध होती है। अच्छी और सुललित भाषा हमें सम्मान दिलाती है। समाज में अशुद्ध और फूहड़ भाषा हमें अपमानित कर जाती है। भाषा ही मनुष्य की वास्तविक योग्यता, विद्वत्ता और बुद्धिमत्ता, उसके अनुशीलन, मनन और विचारों की गम्भीरता उसके गूढ़ उद्देश्य तथा उसके स्वभाव, सामाजिक स्थिति का परिचय देती है। अतएव, हम सभी को सदैव सुन्दर और प्रभावी भाषा का प्रयोग करना चाहिए। इस दिशा में हमारा प्रयास निरन्तर होते रहना चाहिए।

भाषा के तीन भेद होते हैं—

1. मौखिक भाषा : विद्यालय में वाद-विवाद प्रतियोगिता के आयोजन के सन्दर्भ में प्रतियोगिता में वक्ता बोलकर अपने विचार प्रकट करने और श्रोता सुनकर उसके आनन्द उठाने की इस प्रक्रिया को भाषा का मौखिक रूप माना

जाता है। इसमें वक्ता बोलकर अपनी बात कहता है और श्रोता सुनकर उसकी बात समझता है। इस प्रकार, भाषा का वह रूप जिसमें एक व्यक्ति बोलकर विचार प्रकट करता है और दूसरा व्यक्ति सुनकर उसे समझता है। इसको मौखिक भाषा कहते हैं।

2. लिखित भाषा : राजेश कुमार छात्रावास में रहता है। उसके पत्र लिखकर अपने माता-पिता को अपनी कुशलता और आवश्यकताओं की जानकारी देने की और माता-पिता के द्वारा, पत्र पढ़कर जानकारी प्राप्त करने की इस प्रक्रिया को भाषा का लिखित रूप माना जाता है। इसमें एक व्यक्ति लिखकर विचार या भाव प्रकट करता है, दूसरा पढ़कर उसे समझता है। इस प्रकार के भाषा के रूप जिसमें एक व्यक्ति अपने विचार या मन के भाव लिखकर प्रकट करता है और दूसरा व्यक्ति पढ़कर उसकी बात समझता है, लिखित भाषा कहलाती है। जिन अक्षरों या चिह्नों की सहायता से हम अपने मन के विचारों को लिखकर प्रकट करते हैं, उसे लिखित भाषा कहते हैं।

जैसे—पत्र, लेख, पत्रिका, समाचार-पत्र, कहानी, जीवनी, संस्मरण, तार आदि।

3. सांकेतिक भाषा : जिन संकेतों के द्वारा बच्चे या गूँगे अपनी बात दूसरों को समझाते हैं, इसको सांकेतिक भाषा कहते हैं। जब संकेतों या इशारों के माध्यम से बात समझायी और समझी जाती है, तो उसे सांकेतिक भाषा कहते हैं। व्याकरण में इसका अध्ययन नहीं किया जाता।

जैसे—चौराहे पर खड़ा यातायात नियन्त्रित करता सिपाही, मूक-बधिर व्यक्तियों का वार्तालाप आदि।

भाषा के तीन रूप

(1) बोलियाँ : जिन स्थानीय बोलियों का प्रयोग साधारण जनता अपने समूह या घरों में करती है, उसे बोली (dialect) कहते हैं। किसी भी देश में बोलियों की संख्या कई होती है। ये घास-पात की तरह अपने-आप जन्म लेती हैं और किसी क्षेत्र-विशेष में बोली जाती है। जैसे—भोजपुरी, मगही, अवधी, बुन्देली, सन्थाली, खासी आदि।

(2) परिनिष्ठित भाषा : यह व्याकरण से नियन्त्रित भाषा होती है। इसके बोलने वाले लोग विशाल भूभाग में निवास करते हैं, इसका प्रयोग शिक्षा, शासन और साहित्य में होता है। बोली को जब व्याकरण द्वारा परिष्कृत करके एकरूपता दी

जाती है, तब वह परिनिष्ठित भाषा बन जाती है। खड़ी बोली कभी बोली थी, आज परिनिष्ठित भाषा बन गयी है, जिसका उपयोग भारत में अलग-अलग स्थानों पर होता है। जब भाषा व्यापक शक्ति ग्रहण कर लेती है, तब आगे चलकर राजनीतिक और सामाजिक शक्ति के आधार पर राजभाषा या राष्ट्रभाषा का स्थान पा लेती है। ऐसी भाषा सभी सीमाओं को लाँघकर अधिक व्यापक और विस्तृत क्षेत्र में विचार-विनिमय का साधन बनकर सारे देश की भावात्मक एकता में सहायक होती है। भारत में बाईस विकसित भाषाएँ हैं और इन सभी भाषाओं को संविधान की आठवीं अनुसूची में शामिल किया गया है। इस प्रकार, हर देश की अपनी राष्ट्रभाषा है—रूस की रूसी, फ्रांस की फ्रेंच, जर्मनी की जर्मन, जापान की जापानी आदि।

(3) राष्ट्रभाषा : जब कोई वह भाषा किसी राष्ट्र के अधिकांश प्रदेशों के बहुमत द्वारा बोली और समझी जाती है, वह भाषा को राष्ट्रभाषा मानी जाती है। वह भाषा जो देश के अधिकतर निवासियों द्वारा प्रयोग में लायी जाती है, राष्ट्रभाषा कहलाती है। सभी देशों की अपनी-अपनी राष्ट्रभाषा होती है; जैसे—अमरीका-अंग्रेज़ी, जर्मन-जर्मनी, जापान-जापानी, रूस-रूसी आदि। भारत में हिन्दी लगभग 70-75 प्रतिशत लोगों द्वारा प्रयोग में लायी जाती है।

भाषा और लिपि

लिपि शब्द का अर्थ है—'लीपना' या 'पोतना'। विचारों का लीपना अथवा लिखना ही लिपि माना जाता है। भाषा की उच्चरित/मौखिक ध्वनियों को लिखित रूप में अभिव्यक्त करने के लिए निश्चित किये गये चिह्नों या वर्णों की व्यवस्था को लिपि कहते हैं। हिन्दी और संस्कृत भाषा की लिपि देवनागरी है। अंग्रेज़ी भाषा की लिपि रोमन, पंजाबी भाषा की लिपि गुरुमुखी और उर्दू भाषा की लिपि फारसी है। मौखिक या उच्चरित भाषा को स्थायित्व प्रदान करने के लिए भाषा के लिखित रूप का विकास हुआ। प्रत्येक उच्चरित ध्वनि के लिए लिखित चिह्न या वर्ण बनाये गये। वर्णों की पूरी व्यवस्था को ही लिपि कहा जाता है। वस्तुतः लिपि उच्चरित ध्वनियों को लिखकर व्यक्त करने का एक रूप है।

किसी भी भाषा को एक से अधिक लिपियों में लिखा जा सकता है तो दूसरी ओर कई भाषाओं की एक ही लिपि हो सकती है अर्थात एक से अधिक भाषाओं को किसी एक लिपि में लिखा जा सकता है। उदाहरण के लिए हिन्दी भाषा

को हम देवनागरी तथा रोमन दोनों लिपियों में इस प्रकार लिख सकते हैं जैसे—

देवनागरी लिपि—सुरेश कविता लिखता है।

रोमन लिपि—Suresh Kavita Likhata hai.

इसके विपरीत हिन्दी, मराठी, नेपाली, बोडो तथा संस्कृत सभी भाषाएँ देवनागरी लिपि में लिखी जाती हैं।

हिन्दी जिस लिपि में लिखी जाती है उसका नाम 'देवनागरी लिपि' है। देवनागरी लिपि का विकास ब्राह्मी लिपि से हुआ है। ब्राह्मी वह प्राचीन लिपि है जिससे हिन्दी की देवनागरी का ही नहीं गुजराती, बांग्ला, असमिया, उड़िया आदि भाषाओं की लिपियों का भी विकास हुआ है। देवनागरी लिपि में बायीं ओर से दायीं ओर लिखा जाता है। यह एक वैज्ञानिक लिपि है। यह एकमात्र ऐसी लिपि है जिसमें स्वर तथा व्यंजन ध्वनियों को मिलाकर लिखे जाने की व्यवस्था है। संसार की समस्त भाषाओं में व्यंजनों का स्वतन्त्र रूप में उच्चारण स्वर के साथ मिलाकर किया जाता है पर देवनागरी के अलावा विश्व में कोई भी ऐसी लिपि नहीं है जिसमें व्यंजन और स्वर को मिलाकर लिखे जाने की व्यवस्था हो। इस कारण से देवनागरी लिपि अन्य लिपियों की तुलना में अधिक वैज्ञानिक लिपि के रूप में स्वीकार्य है।

देवनागरी लिपि एक वैज्ञानिक लिपि है। 'हिन्दी' और 'संस्कृत' देवनागरी लिपि में लिखी जाती हैं। 'देवनागरी' लिपि का विकास 'ब्राह्मी लिपि' से हुआ, जिसका सर्वप्रथम प्रयोग गुजरात नरेश जयभट्ट के एक शिलालेख में मिलता है। आठवीं एवं नौवीं सदी में क्रमशः राष्ट्रकूट नरेशों तथा बड़ौदा के ध्रुवराज ने अपने देशों में इसका प्रयोग किया था। महाराष्ट्र में इसे 'बालबोध' के नाम से सम्बोधित किया गया। विद्वानों का मानना है कि ब्राह्मी लिपि से देवनागरी का विकास सीधे-सीधे नहीं हुआ है, बल्कि यह उत्तर शैली की कुटिल, शारदा और प्राचीन देवनागरी के रूप में होता हुआ वर्तमान देवनागरी लिपि के रूप में विकसित हुआ। प्राचीन नागरी के दो रूप विकसित हुए—पश्चिमी तथा पूर्वी। इन दोनों रूपों से विभिन्न लिपियों का विकास हुआ।

हिन्दी भाषा

यह सामान्य धारणा है कि हिन्दी भाषा संस्कृत से निष्पन्न है। हिन्दी की उत्पत्ति अपभ्रंश भाषाओं से हुई है और अपभ्रंश की उत्पत्ति प्राकृत से। प्राकृत भाषा अपने पहले की पुरानी बोलचाल की संस्कृत से निकली है। स्पष्ट है कि हमारे

आदिम आर्यों की भाषा पुरानी संस्कृत थी। उनके नमूने ऋग्वेद में दिखते हैं। उसका विकास होते-होते कई प्रकार की प्राकृत भाषाएँ पैदा हुईं। हमारी विशुद्ध संस्कृत किसी पुरानी प्राकृत से ही परिमार्जित हुई है। प्राकृत भाषाओं के बाद अपभ्रंशों विशेषतः शौरसेनी अपभ्रंश से हिन्दी निकली है।

हिन्दी भाषा और उसका साहित्य किसी एक विभाग और उसके साहित्य के विकसित रूप नहीं हैं; वे अनेक विभाषाओं और उनके साहित्यों की समष्टि का प्रतिनिधित्व करते हैं। एक बहुत बड़े क्षेत्र—जिसे चिरकाल से मध्यदेश कहा जाता रहा है—अनेक बोलियों के ताने-बाने से बुनी यही एक ऐसी आधुनिक भाषा है, जिसने अनजाने और अनौपचारिक रीति से देश की ऐसी व्यापक भाषा बनने का प्रयास किया था, जैसी संस्कृत रहती चली आयी थी किन्तु जिसे किसी नवीन भाषा के लिए अपना स्थान तो रिक्त करना ही था।

सम्पर्क भाषा एवं राजभाषा के रूप में हिन्दी

भाषा एक प्रवाहमान प्रक्रिया है। भारत एक बहुभाषी देश है। अलग-अलग राज्यों की भाषा, बोलचाल, खान-पान, रहन-सहन, पहनावा, उनकी भौगोलिक स्थितियों के अनुसार भिन्न-भिन्न है। सदियों से हिन्दी देश के विभिन्न भागों में सम्पर्क भाषा के रूप में प्रयुक्त होती आयी है। कन्याकुमारी से कश्मीर तक और द्वारका से जगन्नाथपुरी तक पूरे भारत में सम्पर्क भाषा के रूप में हिन्दी का प्रयोग प्राय: बोलचाल, धार्मिक अनुष्ठानों, सन्त समागमों, कुम्भ मेलों आदि में तीर्थ यात्रियों, धर्माधिकारियों और व्यापारियों द्वारा कई सदियों से होता आ रहा है। स्वतन्त्रता पूर्व हिन्दी का प्रयोग मुख्य रूप से यहाँ तक ही सीमित था। कालान्तर में ज्यों-ज्यों यातायात तथा संचार के साधनों का विकास होता गया त्यों-त्यों हिन्दी भाषा का प्रचार-प्रसार, प्रयोग का क्षेत्र भी बढ़ता गया। स्वतन्त्रता संग्राम के समय हिन्दी भारत में सबसे अधिक बोली तथा समझी जाने वाली भाषा थी इसलिए जन प्रतिनिधियों ने जन-जागरण के लिए हिन्दी का ही प्रयोग करना उचित समझा, जिससे वह अपना सन्देश देश के कोने-कोने में बसे जन-जन तक पहुँचा सके।

सम्पर्क भाषा हिन्दी ही क्यों?

अपने देश में इस समय यदि हम आधुनिक विकसित भाषाओं, बोलियों और उपभाषाओं की स्थिति पर नज़र डालें तो बड़ा रोचक दृश्य दिखलाई देता है। हमारे यहाँ कुल 178 भाषाएँ, 550 बोलियाँ और न जाने कितनी उपबोलियाँ प्रचलित हैं! भारत एक विशाल बहुभाषी राष्ट्र है। हमारी पारस्परिक मैत्री एवं एकता के लिए एक सम्पर्क भाषा की नितान्त आवश्यकता है। सम्पर्क भाषा और राजभाषा में व्यावहारिक तौर पर ज़्यादा अन्तर नहीं है। राजभाषा के अनेक कार्य हैं जिनमें से एक है सम्पर्क भाषा के रूप में प्रयुक्त होना।

हिन्दी को भारत की सम्पर्क भाषा बनाने के ठोस कारण

- हिन्दी हमारी सामासिक संस्कृति की सशक्त वाहिका होने में सक्षम है।
- हमारे देश में इसकी साहित्यिक सम्पदा का बाहुल्य है।
- जानकारी की संख्या अपेक्षाकृत अधिक है।
- अन्तर प्रान्तीय भाषाओं के सम्पर्क में आकर इसमें विकसित होने की क्षमता है।
- केन्द्र सरकार के सभी मन्त्रालयों में अब हिन्दी को ही अग्रता मिल रही है।
- अहिन्दी भाषी राज्यों में महाराष्ट्र तथा गुजरात ने केन्द्र तथा हिन्दी-भाषी राज्यों से सम्पर्क के लिए हिन्दी को स्वीकार कर लिया है।
- कई विश्वविद्यालयों जैसे तमिलनाडु, तिरुपति, विश्वभारती, गुजराती, पटेल, कर्नाटक, आन्ध्र, मैसूर, केरल, कोचिन, मद्रास आदि विश्वविद्यालयों में स्नातकोत्तर स्तर पर हिन्दी पढ़ाई जा रही है।
- जनहित एवं राष्ट्रहित की दृष्टि से हिन्दी ही सम्पर्क भाषा के रूप में उपयुक्त लगती है।
- हिन्दी को सम्पर्क भाषा के रूप में स्वीकार लेना ही काफी नहीं होगा।। उसके स्वरूप में तनिक परिवर्तन लाना होगा।
- इसके स्वरूप में परिवर्तन लाने के लिए बूढ़े-बुजुर्गों को तैयार करना होगा।
- इसकी शब्दावली को विपुल बनाना होगा।
- भारत की अन्य प्रादेशिक भाषाओं के बहुप्रचलित शब्दों और प्रयोगों को यथावत् और उनका अनुकूलन करके स्वीकारना होगा।
- प्रशासनिक, वैज्ञानिक, तकनीकी और जन-जीवन से सम्बन्धित अन्य सभी क्षेत्रों के शब्दों के निर्माण में उदार दिल और दृष्टिकोण अपनाना होगा।
- अहिन्दी प्रान्तों को विश्वास दिलाना होगा कि हिन्दी प्रादेशिक भाषाओं पर कभी हावी नहीं होगी।
- प्रशासनिक, राजनीतिक, सामाजिक आदि सभी प्रयोजनों के लिए इसका उपयोग करना होगा।

हिन्दी को भारत की सच्ची सम्पर्क भाषा बनाने में संविधान या केन्द्र की सहायता मात्र से लक्ष्य की पूर्ति नहीं हो सकेगी। सरकारी सहयोग के साथ जन सहयोग भी अत्यन्त अनुपेक्षणीय है।

जनभाषा–किसी भी देश या समाज के सामान्य जनों की भाषा जन भाषा कहलाती है। कबीर ने इसे 'भाखा' का नाम दिया। संस्कृत उनके लिए 'कूपजल' के

समान था' जबकि भाखा बहता नीर। यही जनभाषा समय के साथ विकसित होकर राष्ट्रभाषा बनती है। राजभाषा की अधिकारिणी होती है। सभी जन भाषाएँ न राष्ट्रभाषा बनती हैं, न राजभाषा लेकिन हिन्दी जनभाषा है, राष्ट्रभाषा है तथा राजभाषा भी है।

भारतीय संविधान की आठवीं अनुसूची में भारत की 18 भाषाएँ हैं, जिनमें 15 भाषाएँ आरम्भ से हैं–हिन्दी, असमिया, बांग्ला, गुजराती, उर्दू, कन्नड़, कश्मीरी, मलयालम, मराठी, उड़िया, पंजाबी, संस्कृत, सिन्धी, तमिल तथा तेलुगू।

तीन भाषाएँ सन् 1982 में जुड़ीं–मणिपुरी, कोंकणी और नेपाली। ये 18 भारतीय भाषाएँ हैं।

राजभाषा का स्थान एवं सामर्थ्य प्राप्त करने के पूर्व किसी भी भाषा को विभिन्न स्तरों से गुजरना पड़ता है। राजभाषा हिन्दी भी इसका अपवाद नहीं है। राजभाषा के पद पर पहुँचने के लिए हिन्दी को भी दुर्गम राहों को पार करना पड़ा। राजभाषा बनने से पहले हिन्दी भाषा की प्रकृति तथा विकास क्रम पर एक दृष्टि डालनी होगी। हिन्दी भाषा के विकास यात्रा में दो रूप हैं–हिन्दी का भाषा रूप में विकास, हिन्दी का साहित्यिक भाषा रूप में विकास, हिन्दी का राजभाषा रूप में विकास तथा हिन्दी का भूमण्डलीकरण के रूप में विकास यानी तकनीकी रूप में अन्यान्य क्षेत्रों में।

हिन्दी को देश की राजभाषा पद पर आसीन करा हिन्दी के प्रचार-प्रसार हेतु भारत सरकार निरन्तर प्रयत्नशील है। हिन्दी कार्यशालाएँ और अखिल भारतीय राजभाषा संगोष्ठियाँ आयोजित की जाती हैं। केन्द्र सरकार के समस्त कार्यालयों में द्विभाषिक यान्त्रिक इलेक्ट्रानिक नवीनतम सुविधाएँ प्रदान कर इन समस्त कार्यालयों का कार्य सरल करने हेतु राजभाषा विभाग बनाया गया।

प्रधानमन्त्री की अध्यक्षता में केन्द्रीय हिन्दी समिति गठित की गयी। राजभाषा सचिव की अध्यक्षता में केन्द्रीय राजभाषा कार्यान्वयन समिति और भारत सरकार के लगभग समस्त मन्त्रालयों/विभागों में हिन्दी सलाहकार समितियाँ, राजभाषा कार्यान्वयन समितियाँ गठित की गयीं। केन्द्रीय सरकार के कार्यालयों में राजभाषा कार्यान्वयन समितियाँ और नगरों में नगर राजभाषा कार्यान्वयन समितियाँ बनायी गयीं। इन सबसे अलग एक संसदीय राजभाषा समिति भी गठित की गयी जो हिन्दी के आगामी प्रयोग की समीक्षा कर अपनी रिपोर्ट संस्तुतियों के साथ राष्ट्रपति को प्रस्तुत करती है।

राजभाषा विभाग द्वारा प्रति वर्ष एक वार्षिक कार्यक्रम तैयार किया जाता है और उसमें निर्धारित लक्ष्यों को पूरा करने के लिए आवश्यक और सक्रिय प्रयास करने

का केन्द्रीय सरकार के मन्त्रालयों, विभागों और कार्यालयों के सचिवों, अध्यक्षों से अनुरोध किया जाता है।

हिन्दी को संविधान में राजभाषा एवं राष्ट्रभाषा दोनों का ही दर्जा प्राप्त है। संविधान की अष्टम अनुसूची में भारत की अन्य सत्रह प्रान्तीय भाषाओं को भी राष्ट्रीय भाषा के नाम से अभिहित किया गया।

राष्ट्रभाषा–राष्ट्रीय एकता की प्रतीक, भावनात्मक अखण्डता एवं आर्थिक लाभ हितार्थ सम्पूर्ण राष्ट्र में मान्य भाषा ही राष्ट्रभाषा कहलाती है। हिन्दी देश की एकता की कड़ी है। हर प्रान्त की क्षेत्रीय, प्रादेशिक भाषाएँ अपने-अपने इलाकों के लिए अत्यन्त अनिवार्य हैं। क्योंकि वहाँ के निवासी इसी का प्रयोग करेंगे, किन्तु सम्पूर्ण राष्ट्र के लिए ऐसी भाषा अनिवार्य होती है जो व्यापक हो, जिसमें राष्ट्र का प्रतिबिम्ब झलकता हो। जिसके माध्यम से हर प्रान्त के लोग देश के एक भाग से दूसरे भाग के लोगों के साथ विचारों का आदान-प्रदान कर सकें। इस प्रकार की ऊर्जावान बहुप्रचलित्त भाषा ही राष्ट्रीय एकता ला सकती है। ऐसी भाषा को ही राष्ट्रभाषा का स्थान दिया जा सकता है।

हम यह कह सकते हैं कि राष्ट्र भाषा के माध्यम से देश का साहित्य, धर्म, दर्शन और सांस्कृतिक भावना को राष्ट्रीय स्तर पर व्यक्त किया जाता है। राष्ट्रभाषा वही भाषा हो सकती है जिसकी प्रकृति सभी प्रान्तीय भाषाओं को जोड़ना हो। यह कोई ज़रूरी नहीं कि राष्ट्र की एक ही राष्ट्रभाषा हो, अपितु अनेक राष्ट्रों की भी एक राष्ट्रभाषा हो सकती है–जैसे–इंग्लैंड, कनाडा, अमरीका, आस्ट्रेलिया, न्यूजीलैंड–इन सभी राष्ट्रों में केवल एक ही राष्ट्रभाषा है। दूसरी ओर यह भी मिलता है कि एक राष्ट्र में अनेक राष्ट्र भाषाएँ हैं–जैसे–भारतवर्ष। यहाँ 22 भाषाओं को संविधान के अन्तर्गत राष्ट्रभाषाओं की मान्यता प्राप्त है। सोवियत रूस अनेक छोटे-छोटे जनतन्त्रों का संघ था जिनकी अलग-अलग भाषाएँ थीं किन्तु सम्पूर्ण सोवियत संघ की एक ही राष्ट्रभाषा 'रूसी' थी

राष्ट्रभाषा में राष्ट्र का वास्तविक रूप मिलता है। राष्ट्र के विकास के साथ उसके लिए एक झण्डा तथा एक राष्ट्रगान की जरूरत होती है, इन्हीं के साथ मूलभूत आवश्यकता होती है राष्ट्रभाषा की। जिस प्रकार राष्ट्रीय झण्डा कपड़े का टुकड़ा नहीं सम्पूर्ण राष्ट्र का प्रतीक होता है उसी प्रकार राष्ट्रभाषा अपने राष्ट्र की एकता का प्रतीक होती है। गांधीजी के शब्दों में–"भाषा वही श्रेष्ठ है जिसको सहज में ही समझ लें।"

मातृभाषा बनाम राष्ट्रभाषा–हिन्दी के सन्दर्भ में महात्मा गांधी के सूत्र वाक्य हैं–

"कोई भी देश सच्चे अर्थों में तब तक स्वतन्त्र नहीं है, जब तक वह अपनी भाषा में नहीं बोलता। मातृभाषा का अनादर माँ के अनादर के बराबर है। जो मातृभाषा का अनादर करता है, वह स्वदेश भक्त कहलाने लायक नहीं है। यदि हम मातृभाषा की उन्नति नहीं कर सकें और हमारा यह सिद्धान्त रहे कि अंग्रेज़ी के ज़रिये हम ऊँचे विचार प्रकट कर सकते हैं तो इसमें ज़रा भी शक नहीं कि हम सदा के लिए गुलाम बने रहेंगे। जिस राष्ट्र ने अपनी भाषा का अपमान किया उस राष्ट्र के लोग अपनी राष्ट्रीयता खो बैठते हैं।"

जिस भाषा में देश की प्राचीनकाल से चली आयी परम्पराओं को वहन करते हुए नवीन स्थितियों का सामना करने का सामर्थ्य हो, जो प्राचीन की उत्तराधिकारिणी हो, नयी चिन्तन धाराओं की संवाहिका हो वही राष्ट्रभाषा हो सकती है, क्योंकि वह देश की परम्पराओं एवं उसकी आत्मा का मूलाधार बनकर आयी। हिन्दी समस्त भारतीय भाषाओं में सबसे ज्यादा देशीय प्राचीन परम्पराओं की उत्तराधिकारिणी तथा नवीनतम चिन्तन धारा की संवाहिका है तथा देश की अन्य समस्त भाषाओं की पोषक है।

राष्ट्रभाषा का राष्ट्र के मूलभूत तत्त्वों के लिए विशेष महत्त्व है। इस प्रकार हिन्दी में राष्ट्रभाषा के समस्त तत्त्व हैं।

सम्पूर्ण राष्ट्र के विचार विनिमय के लिए यदि अठारह भाषाएँ प्रयुक्त हों, तो ज्ञान, विज्ञान, कोश, प्रविधि, प्रशासन आदि की व्यवस्था 18 भाषाओं में करनी पड़े तो राष्ट्र पर पड़ने वाली आर्थिक मार का अनुमान लगाया जा सकता है। इसलिए एक राष्ट्रभाषा ही होनी चाहिए।

महात्मा गांधी ने संस्कृति की एकता पर बल देते हुए एक भाषा और एक लिपि पर बल देते हुए कहा है–"यदि भारत को एक राष्ट्र बनाना है तो चाहे कोई माने या न माने राष्ट्रभाषा तो हिन्दी ही बन सकती है।"

राष्ट्रभाषा और राजभाषा में अन्तर है। राष्ट्रभाषा राष्ट्र की भाषाएँ हैं, किन्तु राजभाषा राष्ट्रभाषा नहीं भी हो सकती है। जिन शासकों ने तथा देशों ने दूसरे देशों पर शासन किया, उन्होंने अपनी भाषा को उन देशों की राजभाषा घोषित की। अंग्रेज़ों के शासन काल में अंग्रेज़ी भारत की राजभाषा थी। पांडिचेरी और चन्द्रनगर में फ्रांसीसियों का शासन था। अतः वहाँ की राजभाषा फ्रेंच थी। इसी तरह गोवा-दमन में पुर्तगालियों का शासन होने की वजह से वहाँ की राजभाषा पुर्तगीज रही।

मध्यकाल में भारत में मुसलमान शासक थे। उनके शासन काल में भारत की राजभाषा फारसी थी। इन मुसलमान शासकों से अंग्रेज़ों ने सत्ता छीन ली। इन अंग्रेज़ों ने अंग्रेज़ी को राजभाषा के पद पर बिठाया। इस दौर में मैकाले की भाषानीति सफल हुई। यहाँ यह कहना उचित होगा कि सत्ता के इस परिवर्तन से हिन्दी को कोई विशेष लाभ नहीं हुआ।

स्वतन्त्रता संग्राम के दौरान यह बात स्पष्ट हुई कि भारत के लिए किसी एक सम्पर्क भाषा की आवश्यकता है। साथ ही यह भी पाया गया कि यह भाषा अधिकतर लोगों द्वारा बोली जाती है। हिन्दी को राजभाषा का पद देने तथा अंग्रेज़ी को इस पद से हटाने का संघर्ष आज़ादी के संघर्ष के साथ चलता रहा।

राजभाषा

राजभाषा का अर्थ–राजभाषा, संज्ञा, स्त्रीलिंग शब्द का अर्थ है–राजकाज, शासन-प्रशासन और शासक वर्ग की भाषा। राज्य की भाषा, राजा या शासक की भाषा किन्तु आज इसका अर्थ है सरकारी भाषा या सरकारी कामकाज, पत्राचार कार्यालयी या दफ्तरी भाषा। यहाँ हमारा प्रयोजन उस भाषा से है, जिसमें केन्द्र या राज्य सरकार अपना प्रशासनिक कामकाज चलाती है। 14 सितम्बर 1949 को संविधान निर्मात्री परिषद ने बहुमत से हिन्दी को भारतीय संघ की राजभाषा घोषित किया। इसलिए 14 सितम्बर को प्रति वर्ष हिन्दी दिवस मनाया जाता है।

राजभाषा देश के प्रशासनिक कार्यों में व्यवहृत होने वाली भाषा होती है। प्रशासन के अनुसार बदलती है। लेकिन राष्ट्रभाषा सम्पूर्ण राष्ट्र में विचरण करने वाली सम्पर्क भाषा होती है।

'भारत संघ' की राजभाषा के रूप में हिन्दी को मान्यता प्रदान कर दी गयी और 'देवनागरी' को राजलिपि के रूप में स्वीकृत किया गया। ऐसा कहा गया कि अगले 15 वर्ष यानी 26 जनवरी 1965 तक अंग्रेज़ी का प्रयोग उसी तरह रहेगा जैसा पहले हुआ करता था। 15 वर्षों के बाद अंग्रेज़ी के स्थान पर हिन्दी का प्रयोग किया जायेगा।

दक्षिण भारत में एक भाषा के रूप में हिन्दी के आयाम

दक्षिण भारत की संज्ञा भारत के दक्षिणी भू-भाग को दी जाती है जिसमें केरल, कर्नाटक, आन्ध्र एवं तमिलनाडु राज्य तथा संघ शासित प्रदेश पुदुच्चेरी शामिल हैं। केरल में मलयालम, कर्नाटक में कन्नड़, आन्ध्र प्रदेश में तेलुगू और तमिलनाडु तथा पुदुच्चेरी में तमिल अधिक प्रचलित भाषाएँ हैं। ये चारों द्रविड़ परिवार की भाषाएँ मानी जाती हैं। इन चारों प्रदेशों के भाषा-भाषियों की संख्या भारत की आबादी में लगभग 25 प्रतिशत है। दक्षिण की इन चारों भाषाओं का अपनी-अपनी विशिष्ट लिपियाँ हैं। सुसमृद्ध शब्द-भण्डार, व्याकरण तथा समृद्ध साहित्यिक परम्परा भी है। अपने-अपने प्रदेश विशेष की भाषा के प्रति लगाव के बावजूद अन्य प्रदेशों के भाषाओं के प्रति यहाँ की जनता में निस्सन्देह आत्मीयता की भावना है। अतः यह बात स्वतः स्पष्ट है कि दक्षिण भारत भाषायी सद्भावना के लिए उर्वर भूमि है।

धार्मिक, व्यापारिक और राजनीतिक कारणों से उत्तर भारत के लोगों का दक्षिण में आने-जाने की परम्परा शुरू होने के साथ ही दक्षिण में हिन्दी का प्रवेश हुआ। यहाँ के धार्मिक, व्यापारिक केन्द्रों में हिन्दीतर भाषियों के साथ व्यवहार के माध्यम के रूप में, एक बोली के रूप में हिन्दी का धीरे-धीरे प्रचलन हुआ। दक्षिणी भू-भाग पर मुसलमान शासकों के आगमन और इस प्रदेश पर उनके शासन के दौर में एक भाषा विशेष के रूप में दक्खिनी का प्रचलन चौदहवीं से अठारहवीं सदी के बीच हुआ, जिसे 'दक्खिनी हिन्दी' की संज्ञा भी दी जाती है। बहमनी, कुतुबशाही, आदिलशाही आदि शाही वंशों के शासकों के दौर में बीजापुर, गोलकोंडा, गुलबर्गा, बीदर आदि प्रदेशों में दक्खिनी हिन्दी का चतुर्दिक विकास हुआ। दक्खिनी हिन्दी का विकास एक जन भाषा के रूप में हुआ था। इसमें उत्तर-दक्षिण की कई बोलियों के शब्द जुड़ जाने से यह आम आदमी की भाषा के रूप में प्रचलित हुई। हैदरअली

और टीपू सुल्तान के शासन काल में कर्नाटक के मैसूर रियासत में, अर्काट नवाबों की शासनावधि में तमिलनाडु के तंजावूर प्रान्त में, आन्ध्र प्रदेश के कुछ सीमावर्ती प्रान्तों में मराठे शासकों के द्वारा भी यह काफी प्रचलित हुई। आगे चलकर दक्खिनी हिन्दी में प्रचुर मात्रा में साहित्य का सृजन भी हुआ है। यहाँ यह बात महत्त्वपूर्ण है कि हिन्दी, हिन्दुस्तानी, हिन्दवी, उर्दू, दक्खिनी, दक्खिनी हिन्दी आदि को एक ही मूल भाषा के विभिन्न शैलियों, बोलियों के रूप में मानकर चलने पर ही यह कथन आधारित है कि दक्षिण भारत में इस भाषा का प्रसार शताब्दियों पूर्व ही हुआ था।

शताब्दियों पूर्व ही दक्षिण में हिन्दी भाषा के प्रचलन के सम्बन्ध में एक और तथ्यात्मक उदाहरण केरल प्रान्त से मिलता है। 'स्वाति तिरुनाल' के नाम से सुविख्यात तिरुवितांकूर राजवंश के राजा राम वर्मा (1813-1846) न केवल हिन्दी के निष्णात् साबित हुए थे बल्कि स्वयं उन्होंने हिन्दी में कई रचे थे। मिसाल के तौर पर उनका एक गीत यहाँ प्रस्तुत है–

मैं तो नहीं जाऊँ जननी जमुना के तीर।
इतनी सुनके माता यशोदा पूछति मुरहर से,
क्यों नहिं जावत धेन चरावन बालक कह हमसे।
कहत हरि कब ग्वालिन मिल हम
मींचत धन कुच से,
जब सब लाज भरी ब्रजवासिन कहे,
न कहो दृग से।
ऐसी लीला कोटि कियो कैसे जायो मधुवन से,
पद्मनाभ प्रभु दीन उधारण पालो सब दुःख से।

माता यशोदा के समक्ष बाल-कृष्ण की शिकायत पर आधारित स्वाति तिरुनाल का यह गीत सैकड़ों वर्षों पूर्व दक्षिण में हिन्दी की सर्जना का भी एक श्रेष्ठ उदाहरण है।

दक्षिण में हिन्दी के प्रचलन के कारणों अथवा आधारों का पता लगाने पर यह बात स्पष्ट है कि धार्मिक, राजनीतिक, सामाजिक, सांस्कृतिक, व्यापारिक आदि अनेक आधार हमें मिलते हैं। इससे यह स्पष्ट होता है कि हिन्दी भाषा को दक्षिण पहुंचने का एक व्यापक आधार प्राप्त हुआ था। हाँ, यह मान्य तथ्य है कि यहाँ पहुँचकर हिन्दी भाषा को कई शैलियाँ, कई शब्द और रूप मिल गये हैं। आदान-प्रदान का एक बड़ा काम हुआ, यही आगे एकता के आधार बिन्दु की खोज का मूल

साबित हुआ है। फलतः भिन्न भाषा-भाषियों के बीच आदान-प्रदान का एक सशक्त एवं स्वीकृत भाषा के रूप में दक्षिण में हिन्दी प्रचलित हुई है।

आधुनिक काल अर्थात 19वीं, 20वीं सदियों के दौरान हिन्दी का दक्षिण भारत में व्यापक प्रचलन हुआ। एकता की भाषा के रूप में हिन्दी के महत्त्व को समझकर कई विभूतियों ने इसे अपनी अभिव्यक्ति की वाणी के रूप में अपनाकर देश की जनता से अपील की थी। आर्य समाज के संस्थापक महर्षि दयानन्द सरस्वती ने हिन्दी का प्रबल समर्थन किया था। उन्होंने हिन्दी को 'आर्य भाषा' की संज्ञा देकर अपना महत्त्वपूर्ण ग्रन्थ 'सत्यार्थ प्रकाश' की रचना हिन्दी में ही की थी। स्वामीजी द्वारा संस्थापित आर्य समाज ने जहाँ एक ओर समूचे भारत में भारतीयता एवं राष्ट्रीयता का प्रबल प्रचार किया, वहीं दूसरी ओर हिन्दी का प्रचार-प्रसार भी किया। आन्ध्र प्रदेश में निजाम शासन के दौरान आर्य समाजियों ने चार हिन्दी पत्र-पत्रिकाएँ भी प्रकाशित की थीं। उस समय निजाम शासन द्वारा आर्य समाज की गतिविधियों पर रोक लगाये जाने पर राज्य के सीमा पार सोलापुर से इन पत्र-पत्रिकाओं का प्रकाशन करके बड़ी चुनौती के साथ राज्य में इनका प्रसार किया जाता था। हिन्दी के प्रचलन में आर्य समाज के योगदान का यह एक मिसाल है।

स्वाधीनता आन्दोलन के दिनों में भावात्मक एकता स्थापित करने में हिन्दी को सशक्त माध्यम मानकर इसके प्रचार के लिए कई प्रयास किये गये। तमिल के सुख्यात राष्ट्रकवि सुब्रमण्यम भारती ने अपने सम्पादन में प्रकाशित तमिल पत्रिका 'इंडिया' के माध्यम से 1906 में ही जनता से हिन्दी सीखने की अपील की थी एवं अपनी पत्रिका में हिन्दी में सामग्री प्रकाशित करने हेतु कुछ पृष्ठ सुरक्षित रखने की घोषणा की थी। आगे भारती के ही नेतृत्व में 1907-1908 के बीच मद्रास के ट्रिप्लिकेन में जनसंघ के तत्त्वावधान में हिन्दी कक्षाओं का संचालन आरम्भ हुआ था, जिसकी सूचना भारती ने लोकमान्य बाल गंगाधर तिलक को प्रेषित अपने पत्र (दि. 29 मई 1908) में दी थी। राष्ट्रपिता महात्मा गांधी ने अपने रचनात्मक कार्यक्रमों में हिन्दी प्रचार को भी जोड़ लिया था। दक्षिण अफ्रीका में प्रवासी भारतीयों के बीच कार्य करते हुए गांधीजी ने यह महसूस किया था कि भिन्न-भिन्न भाषाएँ बोलने वाले भारतीयों के बीच व्यवहार की भाषा के रूप में हिन्दी सर्वोपयुक्त भाषा है। दक्षिण अफ्रीका में बसे हुए प्रवासी भारतीयों में एकता स्थापित करने के लिए हिन्दी को एक सफल माध्यम के रूप में पाकर उन्होंने अपने अनुभव अपनी पत्रिका 'हिन्द स्वराज' में 1909 में व्यक्त करते हुए लिखा था कि भारतवासियों को एकता की

कड़ी में जोड़ने के लिए हिन्दी उपयोगी भाषा है। दक्षिण अफ्रीका से लौटने के बाद आज़ादी की लड़ाई में सक्रिय भूमिका निभाते हुए उन्होंने न केवल हिन्दी भाषा का पक्ष समर्थन किया, बल्कि इसे राष्ट्रवाणी होने की अधिकारिणी बनाने हेतु इसके व्यापक प्रचार-प्रसार हेतु कारगर कदम भी उठाये थे। हिन्दी गंगोत्री की धारा को दक्षिण के गाँवों तक ले आने सम्बन्धी गांधी जी के भागीरथ प्रयासों से सम्बन्धित ऐतिहासिक तथ्यों से कोई भी अनभिज्ञ नहीं हैं। 29 मार्च 1918 को इन्दौर में सम्पन्न हिन्दी साहित्य सम्मेलन के अधिवेशन में सभापति के मंच से भाषण देते हुए गांधी जी ने कहा था कि जब तक हम हिन्दी भाषा को राष्ट्रीय और अपनी-अपनी प्रान्तीय भाषाओं को उनका योग्य स्थान नहीं देते, तब तक स्वराज्य की सब बातें निरर्थक हैं। गांधीजी की राय में भाषा वही श्रेष्ठ है, जिसको जनसमूह सहज में समझ ले। आगे चलकर गांधी जी की संकल्पना से दक्षिण भारत में हिन्दी प्रचार का एक बड़ा अभियान शुरू हुआ। आज़ादी हासिल होने के बाद जब स्वतन्त्र भारत के संविधान का निर्माण हो रहा था, तब भी गांधी जी के इन महत्त्वपूर्ण विचारों के अनुरूप ही भारत के संविधान में राष्ट्रीय राजकाज की भाषाओं के रूप में हिन्दी को तथा देश के विभिन्न राज्यों में वहाँ की क्षेत्रीय भाषाओं को राजकाज की भाषाओं के रूप में मान्यता देने की चेष्टा की गयी है। गांधी जी के प्रयासों से 16 जून 1918 को मद्रास में हिन्दी वर्गों के आयोजन के साथ ही दक्षिण भारत में हिन्दी प्रचार के प्रयासों को 'हिन्दी प्रचार आन्दोलन' के रूप में एक व्यवस्थित आधार मिला। अपनी संकल्पनाओं को साकार बनाने की दिशा में गांधी जी ने अपने सुपुत्र देवदास गांधी को मद्रास भेजा था। गांधी जी से प्रत्यक्ष एवं अप्रत्यक्ष प्रेरणा पाकर बिहार, उत्तर प्रदेश आदि प्रान्तों के कई युवक दक्षिण पहुँचकर हिन्दी प्रचार-प्रसार कार्य में अपना योगदान सुनिश्चित करने लगे थे। उनसे हिन्दी सीखने वाले हजारों हिन्दी प्रेमी हिन्दी प्रचारकों के रूप में निष्ठा एवं लगन के साथ दक्षिण के गाँवों में हिन्दी का प्रचार करने लगे थे।

1918 में हिन्दी साहित्य सम्मेलन का क्षेत्रीय कार्यालय, जो मद्रास में खुला था, वही आगे परिवर्धित होकर दक्षिण भारत हिन्दी प्रचार सभा के रूप में ख्यात हुई। स्वाधीनता प्राप्ति के बाद जब गांधी जी द्वारा संस्थापित संस्थाओं को राष्ट्रीय महत्त्व की संस्थाओं के रूप में घोषित करने की परम्परा शुरू हुई, उसी क्रम में 1964 में दक्षिण भारत हिन्दी प्रचार सभा भी राष्ट्रीय महत्त्व की संस्था घोषित हुई। फिलहाल इस सभा के दक्षिण के चारों राज्यों में शाखाओं के अलावा उच्च शिक्षा शोध-संस्थान

भी हैं। सभा द्वारा हिन्दी प्रचार कार्यक्रम के अन्तर्गत विभिन्न हिन्दी परीक्षाओं का संचालन किया जाता है। उच्च शिक्षा एवं शोध संस्थान के माध्यम से उच्च शिक्षा एवं शोध की औपचारिक उपाधियाँ भी प्रदान की जा रही हैं। दक्षिण में हिन्दी प्रचार के क्रम में ऐसी कई छोटी-बड़ी संस्थाएँ स्थापित हुई हैं। ऐसी ही कुछ बड़ी संस्थाएँ हिन्दी प्रचार कार्य में संलग्न हैं। केरल में 1934 में केरल हिन्दी प्रचार सभा, आन्ध्र प्रदेश में 1935 में हिन्दी प्रचार सभा, हैदराबाद और कर्नाटक में 1939 में कर्नाटक हिन्दी प्रचार समिति, 1943 में मैसूर हिन्दी प्रचार परिषद तथा 1953 में कर्नाटक महिला हिन्दी सेवा समिति की स्थापना हुई। ये संस्थाएँ हिन्दी प्रचार कार्य में अपने ढंग से सक्रिय हैं। इन संस्थाओं की कक्षाओं में हिन्दी सीखकर इन्हीं संस्थाओं द्वारा संचालित परीक्षाएँ देनेवाले छात्रों की संख्या आजकल लाखों में है। तमिलनाडु को छोड़कर बाकी तीनों राज्यों के स्कूलों में एक भाषा के रूप में हिन्दी की पढ़ाई जारी है। तमिलनाडु में तथाकथित राजनीतिक विरोध के कारण भले ही सरकारी स्कूलों में हिन्दी की पढ़ाई नहीं हो रही हो, कई निजी स्कूलों में हिन्दी की पढ़ाई जारी है, साथ ही यहाँ भी हिन्दी प्रचार संस्थाओं की परीक्षाओं में बैठने वाले छात्रों की संख्या भी लाखों में है। यह कोई आश्चर्य की बात नहीं है कि तमिलनाडु में 'हिन्दी स्पीकिंग कोर्स' के बोर्ड हर कोई छोटे-बड़े शहर की छोटी-बड़ी गलियों में नज़र आते हैं।

इसी क्रम में दक्षिण में हिन्दी के प्रचार-प्रसार में योग देने में कई निजी प्रयास भी सामने आये हैं। निःशुल्क हिन्दी कक्षाओं का संचालन, लेखन, प्रकाशन, पत्रकारिता, गोष्ठियों का आयोजन आदि कई रूपों में हिन्दी के प्रचार-प्रसार हेतु कई प्रयास किये जा रहे हैं। यहाँ हिन्दी फ़िल्मों के प्रदर्शन की बड़ी माँग रहती है, इनके दर्शकों में अधिकांश हिन्दीतर भाषी भी होते हैं। हिन्दी गीतों की लोकप्रियता की बात तो अलग ही है। अन्ताक्षरी, गायन आदि कई रूपों में हिन्दी गीत दक्षिण के सांस्कृतिक जीवन के अभिन्न अंग बन गये हैं। हिन्दीतर भाषियों का हिन्दी भाषा का अर्जित ज्ञान इतना परिमार्जित हुआ है कि यहाँ सैकड़ों की संख्या में हिन्दी के लेखक उभर कर सामने आये हैं। परिनिष्ठित हिन्दी में इनकी लेखनी से सृजित हजारों कृतियाँ हिन्दी साहित्य की धरोहर बन गयी हैं। दक्षिण से सैकड़ों की संख्या में हिन्दी की पत्र-पत्रिकाएँ प्रकाशित हुई हैं। इनमें हिन्दीतर भाषियों द्वारा हिन्दी प्रचार के लिए निजी प्रयासों से संचालित पत्रिकाएँ भी कई हैं। हैदराबाद, बेंगलुरु तथा चेन्नई नगरों से तीन बड़े हिन्दी अखबार प्रकाशित हो रहे हैं। कई छोटे अखबार भी इन नगरों के अलावा अन्य शहरों से भी प्रकाशित हो रहे हैं। लेखन द्वारा हिन्दी जगत में ख्यात होने वाले दक्षिण

के हस्ताक्षरों में उपन्यासकार आरिगपूडि रमेश चौधरी, डॉ. बालशौरि रेड्डी के नाम उल्लेखनीय हैं। इनके अलावा कई लब्धप्रतिष्ठ लेखक भी हैं, इस लेख का आकार तथा सीमाओं को ध्यान में रखते हुए उन सबके नामों तथा योगदान का उल्लेख यहाँ करना सम्भव नहीं हो रहा है।

निष्कर्ष के तौर पर कहा जा सकता है कि दक्षिण में हिन्दी भाषा के प्रचार-प्रसार के साथ अध्ययन, अध्यापन, लेखन, प्रकाशन में उल्लेखनीय प्रगति हुई है। दक्षिण में हिन्दीतर भाषी विभिन्न भाषा-भाषियों के बीच भी एक आम सम्पर्क भाषा के रूप में हिन्दी की भूमिका अविस्मरणीय है। भारत संघ की राजभाषा के रूप में इसका प्रचार-प्रसार एवं प्रयोग अन्य गैर-हिन्दी प्रान्तों की तुलना में दक्षिण में अधिक है। जनता की ज़रूरतों तथा सरकार की नीतियों के आलोक में दक्षिण भारत में हिन्दी भाषा का भविष्य निश्चय ही उज्जवल रहेगा।

प्रेमचन्द

प्रेमचन्द का जन्म 31 जुलाई 1880 को बनारस के पास लमही गाँव में हुआ था। स्कूली शिक्षा पूरी करने के बाद अनेक प्रकार के संघर्षों से गुज़रते हुए उन्होंने 1919 में अंग्रेज़ी, फ़ारसी और इतिहास लेकर बी.ए. किया। उर्दू में नवाब राय नाम से कहानी लिखना उन्होंने 1901 से ही शुरू कर दिया था। 1910 में उनका उर्दू कहानी-संग्रह 'सोजे वतन' प्रकाशित हुआ जिसे ब्रिटिश सरकार द्वारा ज़ब्त कर लिया गया। तब से उन्होंने नवाब राय छोड़कर प्रेमचन्द नाम से लिखना शुरू कर दिया। 'प्रेमचन्द'–यह प्यारा नाम उन्हें एक उर्दू लेखक और सम्पादक दयानारायन निगम ने दिया था। जलियाँवाला बाग हत्याकाण्ड और असहयोग आन्दोलन के छिड़ने पर प्रेमचन्द ने अपनी बीस साल की नौकरी छोड़ दी। 1930 के अवज्ञा-आन्दोलन के शुरू होते-होते उन्होंने 'हंस' का प्रकाशन भी आरम्भ कर दिया।

उपन्यास सम्राट प्रेमचन्द हिन्दी कथा-साहित्य के युग-निर्माता थे। वे लेखन को स्वान्तः सुखाय नहीं बल्कि सामाजिक परिवर्तन का माध्यम मानते थे। इसलिए उन्होंने पारिवारिक, सामाजिक, सांस्कृतिक, आर्थिक, राजनीतिक, धार्मिक, स्वतन्त्रता आदि मुद्दों के साथ-साथ दलितों और स्त्रियों को भी अपने कथा के केन्द्र में प्रमुखता से स्थान दिया। प्रगतिशील विचारधारा के प्रेमचन्द ने अपने युग-यथार्थ को जिस भाषा-शैली में रचा है, वह आमजन की है और इसलिए है कि जब ये ही समझेंगे तभी बदलाव सम्भव। सचमुच 'कलम के सिपाही' थे प्रेमचन्द।

उनकी प्रमुख कृतियाँ हैं : **उपन्यास** : 'गोदान', 'सेवासदन', 'प्रेमाश्रम', 'रंगभूमि', 'प्रतिज्ञा', 'ग़बन', 'कर्मभूमि'; **कहानी** : 'सप्तसरोज़', 'नवनिधि', 'समरयात्रा', 'मानसरोवर' (आठ खण्डों में); **नाटक** : 'संग्राम', 'कर्बला', 'बलिदान'; **बाल-साहित्य** : 'रामकथा', 'कुत्ते की कहानी', 'मनमोदक'; **कथेतर साहित्य** : 'प्रेमचन्द : विविध प्रसंग', 'प्रेमचन्द के विचार' (तीन खण्डों में), 'साहित्य का उद्देश्य', 'चिट्ठी-पत्री' (दो खण्डों में पत्रों का संग्रह) आदि।

प्रेमचन्द का निधन 8 अक्टूबर 1936 में हुआ।

ईदगाह

●

प्रेमचन्द

रमज़ान के पूरे तीस रोज़ों के बाद आज ईद आयी है। कितना मनोहर, कितना सुहावना प्रभात है। वृक्षों पर कुछ अजीब हरियाली है, खेतों में कुछ अजीब रौनक है, आसमान पर कुछ अजीब लालिमा है। आज का सूर्य देखो, कितना प्यारा, कितना शीतल है, मानो संसार को ईद की बधाई दे रहा है। गाँव में कितनी हलचल है। ईदगाह जाने की तैयारियाँ हो रही हैं। किसी के कुरते में बटन नहीं है। पड़ोस के घर से सुई-धागा लेने दौड़ा जा रहा है। किसी के जूते कड़े हो गये हैं। उनमें तेल डालने के लिए तेली के घर भागा जाता है। जल्दी-जल्दी बैलों को सानी-पानी दे दें। ईदगाह से लौटते-लौटते दोपहर हो जायेगी। तीन कोस का पैदल रास्ता, फिर सैकड़ों आदमियों से मिलना-भेंटना। दोपहर के पहले लौटना असम्भव है। लड़के सबसे ज़्यादा प्रसन्न हैं। किसी ने एक रोज़ा रखा है, वह भी दोपहर तक, किसी ने वह भी नहीं; लेकिन ईदगाह जाने की खुशी उनके हिस्से की चीज़ है। रोज़े बड़े-बूढ़ों के लिए होंगे। उनके लिए तो ईद है। रोज़ ईद का नाम रटते थे। आज वह आ गयी। अब जल्दी पड़ी है कि लोग ईदगाह क्यों नहीं चलते। इन्हें गृहस्थी की चिन्ताओं से क्या प्रयोजन! सेवइयों के लिए दूध और शक्कर घर में है या नहीं, इनकी बला से, ये तो सेवइयों खायेंगे। वह क्या जानें कि अब्बाजान क्यों बदहवास चौधरी कायमअली के घर दौड़े जा रहे हैं। उन्हें क्या ख़बर कि चौधरी आज आँखें बदल लें, तो यह सारी ईद मुहर्रम हो जाये। उनकी अपनी जेबों में तो कुबेर का धन भरा हुआ है। बार-बार जेब से अपना खजाना निकालकर गिनते हैं और खुश होकर फिर रख लेते हैं। महमूद गिनता है, एक-दो, दस-बारह। उसके पास बारह पैसे हैं। मोहसिन के पास एक, दो, तीन, आठ, नौ, पन्द्रह पैसे हैं। इन्हीं अनगिनती पैसों में अनगिनती चीज़ें लायेंगे–खिलौने, मिठाइयाँ, बिगुल, गेंद और न जाने क्या-क्या। और सबसे ज़्यादा प्रसन्न है हामिद।

वह चार-पाँच साल का गरीब-सूरत, दुबला-पतला लड़का, जिसका बाप गत वर्ष हैजे की भेंट हो गया और माँ न जाने क्यों पीली होती-होती एक दिन मर गयी। किसी को पता न चला, क्या बीमारी है। कहती भी तो कौन सुनने वाला था। दिल पर जो कुछ बीतती थी, वह दिल में ही सहती थी और जब न सहा गया तो संसार से बिदा हो गयी। अब हामिद अपनी बूढ़ी दादी अमीना की गोद में सोता है और उतना ही प्रसन्न है। उसके अब्बाजान रुपये कमाने गये हैं। बहुत-सी थैलियाँ लेकर आयेंगे। अम्मीजान अल्लाह मियाँ के घर से उसके लिए बड़ी अच्छी-अच्छी चीज़ें लाने गयी हैं; इसलिए हामिद प्रसन्न है। आशा तो बड़ी चीज़ है और फिर बच्चों की आशा! उनकी कल्पना तो राई का पर्वत बना लेती है। हामिद के पाँव में जूते नहीं हैं, सिर पर एक पुरानी-धुरानी टोपी है, जिसका गोट काला पड़ गया है, फिर भी वह प्रसन्न है। जब उसके अब्बाजान थैलियाँ और अम्मीजान नियामतें लेकर आयेंगी, तो वह दिल के अरमान निकाल लेगा। तब देखेगा महमूद, मोहसिन, नूरे और सम्मी कहाँ से उतने पैसे निकालेंगे। अभागिन अमीना अपनी कोठरी में बैठी रो रही है। आज ईद का दिन और उसके घर में दाना नहीं! आज आबिद होता तो क्या इसी तरह ईद आती और चली जाती! इस अन्धकार और निराशा में वह डूबी जा रही थी। किसने बुलाया था इस निगोड़ी ईद को। इस घर में उसका काम नहीं है, लेकिन हामिद! उसे किसी के मरने-जीने से क्या मतलब? उसके अन्दर प्रकाश है, बाहर आशा। विपत्ति अपना सारा दल-बल लेकर आये, हामिद की आनन्द-भरी चितवन उसका विध्वंस कर देगी।

हामिद भीतर जाकर दादी से कहता है–तुम डरना नहीं अम्माँ, मैं सबसे पहले आऊँगा। बिल्कुल न डरना!

अमीना का दिल कचोट रहा है। गाँव के बच्चे अपने-अपने बाप के साथ जा रहे हैं। हामिद के बाप अमीना के सिवा और कौन है? उसे कैसे अकेले मेले में जाने दे। उस भीड़-भाड़ में बच्चा कहीं खो जाये तो क्या हो। नहीं; अमीना उसे यों न जाने देगी। नन्ही-सी जान! तीन कोस चलेगा कैसे! पैर में छाले पड़ जायेंगे। जूते भी तो नहीं हैं। वह थोड़ी-थोड़ी दूर पर उसे गोद ले लेगी; लेकिन यहाँ सेवइयाँ कौन पकायेगा? पैसे होते तो लौटते-लौटते सब सामग्री जमा करके चटपट बना लेती। यहाँ तो घण्टों चीज़ें जमा करते लगेंगे। माँगे ही का तो भरोसा ठहरा। उस दिन फहीमन के कपड़े सिये थे। आठ आने पैसे मिले थे। उस अठन्नी को ईमान की तरह बचाती चली आती थी इसी ईद के लिए, लेकिन कल ग्वालन सिर पर सवार हो गयी तो क्या करती। हामिद के लिए कुछ नहीं है, तो दो पैसे का दूध तो चाहिए ही। अब तो कुल

दो आने पैसे बच रहे हैं। तीन पैसे हामिद की जेब में, पाँच अमीना के बटवे में। यही तो बिसात है और ईद का त्योहार! अल्लाह ही बेड़ा पार लगावे। धोबन और नाइन और मेहतरानी और चूड़िहारिन सभी तो आयेंगी। सभी को सेवइयाँ चाहिए और थोड़ा किसी की आँखों नहीं लगता। किस-किस से मुँह चुरायेगी। और मुँह क्या चुराये? साल भर का त्योहार है। ज़िन्दगी ख़ैरियत से रहे, उनकी तकदीर भी तो उसी के साथ है। बच्चे को ख़ुदा सलामत रखे, ये दिन भी कट जायेंगे।

गाँव से मेला चला। और बच्चों के साथ हामिद भी जा रहा था। कभी सबके सब दौड़कर आगे निकल जाते। फिर किसी पेड़ के नीचे खड़े होकर साथ वालों का इन्तज़ार करते। ये लोग क्यों इतना धीरे-धीरे चल रहे हैं। हामिद के पैरों में तो जैसे पर लग गये हैं। वह कभी थक सकता है! शहर का दामन आ गया। सड़क के दोनों ओर अमीरों के बगीचे हैं। पक्की चारदीवारी बनी हुई है। पेड़ों में आम और लीचियाँ लगी हुई हैं। कभी-कभी कोई लड़का कँकड़ी उठाकर आम पर निशाना लगाता है। माली अन्दर से गाली देता हुआ निकलता है। लड़के वहाँ से एक फर्लांग पर हैं। खूब हँस रहे हैं। माली को कैसे उल्लू बनाया है।

बड़ी-बड़ी इमारतें आने लगीं; यह अदालत है, यह कॉलेज है, यह क्लब-घर है। इतने बड़े कालेज में कितने लड़के पढ़ते होंगे? सब लड़के नहीं हैं जी! बड़े-बड़े आदमी हैं, सच उनकी बड़ी-बड़ी मूँछे हैं। इतने बड़े हो गये, अभी तक पढ़ने जाते हैं। न जाने कब तक पढ़ेंगे और क्या करेंगे इतना पढ़कर। हामिद के मदरसे में दो-तीन बड़े-बड़े लड़के हैं, बिल्कुल तीन कौड़ी के, रोज़ मार खाते हैं, काम से जी चुराने वाले। इस जगह भी उसी तरह के लोग होंगे और क्या। क्लब-घर में जादू होता है। सुना है, यहाँ मुरदे की खोपड़ियाँ दौड़ती हैं। और बड़े-बड़े तमाशे होते हैं, पर किसी को अन्दर नहीं जाने देते। और यहाँ शाम को साहब लोग खेलते हैं। बड़े-बड़े आदमी खेलते हैं, मूँछों-दाढ़ी वाले और मेमें खेलती हैं, सच! हमारी अम्माँ को वह दे दो, क्या नाम है, बैट, तो उसे पकड़ ही न सकें। घुमाते ही लुढ़क न जायें।

महमूद ने कहा–हमारी अम्मीजान का तो हाथ काँपने लगे, अल्ला कसम।

मोहसिन बोला–अम्मी मनों आटा पीस डालती हैं। जरा-सा बैट पकड़ लेंगी, तो हाथ काँपने लगे। सैकड़ों घड़े पानी रोज़ निकालती हैं। पाँच घड़े तो मेरी भैंस पी जाती है। किसी मेम को एक घड़ा पानी भरना पड़े तो आँखों तले अँधेरा आ जाये।

महमूद–लेकिन दौड़तीं तो नहीं, उछल-कूद तो नहीं सकतीं।

मोहसिन–हाँ, उछल-कूद नहीं सकतीं; लेकिन उस दिन मेरी गाय खुल गयी थी और चौधरी के खेत में जा पड़ी थी, तो अम्माँ इतनी तेज दौड़ीं कि मैं उन्हें न पा सका, सच?

आगे चले। हलवाइयों की दुकानें शुरू हुईं। आज खूब सजी हुई थीं। इतनी मिठाइयाँ कौन खाता है। देखो न, एक-एक दुकान पर मनों होंगी। सुना है, रात को जिन्नात आकर खरीद ले जाते हैं। अब्बा कहते थे कि आधी रात को एक आदमी हर दुकान पर जाता है और जितना माल बचा होता है, वह तुलवा लेता है और सचमुच के रुपये देता है, बिल्कुल ऐसे ही रुपये।

हामिद को यकीन न आया–ऐसे रुपये जिन्नात को कहाँ से मिल जायेंगे?

मोहसिन ने कहा–जिन्नात को रुपये की क्या कमी? जिस खजाने में चाहें, चले जायें। लोहे के दरवाजे तक उन्हें नहीं रोक सकते जनाब, आप हैं किस फेर में। हीरे-जवाहरात तक उनके पास रहते हैं, जिससे खुश हो गये, उसे टोकरों जवाहरात दे दिये। अभी यहीं बैठे हैं, पाँच मिनट में कहो कलकत्ता पहुँच जायें।

हामिद ने फिर पूछा–जिन्नात बहुत बड़े-बड़े होते होंगे?

मोहसिन–एक-एक आसमान के बराबर होता है जी। जमीन पर खड़ा हो जाये। तो उसका सिर आसमान से जा लगे, मगर चाहें तो एक लोटे में घुस जायें।

हामिद–लोग उन्हें खुश करते होंगे? कोई मुझे वह मन्तर बता दे, तो एक जिन्न को खुश कर लूँ।

मोहसिन–अब यह तो मैं नहीं जानता, लेकिन चौधरी साहब के काबू में बहुत से जिन्नात हैं। कोई चीज़ चोरी चली जाय, चौधरी साहब उसका पता लगा देंगे और चोर का नाम भी बता देंगे। जुमराती का बछवा उस दिन खो गया था। तीस दिन हैरान हुए, कहीं न मिला। तब झख मारकर चौधरी के पास गये। चौधरी ने तुरन्त बता दिया कि मवेशीखाने में है और वहीं मिला। जिन्नात आकर उन्हें सारे जहान की खबरें दे जाते हैं।

अब उसकी समझ में आ गया कि चौधरी के पास क्यों इतना धन है और क्यों उनका इतना सम्मान है।

आगे चले। यह पुलिस लाइन है। यहीं सब कानिसटिबल कवायद करते हैं। रैटन! फाय फो! रात को बेचारे घूम-घूमकर पहरा देते हैं, नहीं चोरियाँ हो जायें। मोहसिन ने प्रतिवाद किया–यह कानिसटिबल पहरा देते हैं? तभी तुम बहुत जानते हो। अजी हजरत, यही चोरी कराते हैं। शहर के जितने चोर-डाकू हैं, सब इनसे मिले

रहते हैं। रात को ये लोग चोरों से तो कहते हैं, चोरी करो और आप दूसरे मुहल्ले में जाकर 'जागते रहो! जागते रहो?' पुकारते हैं। जभी इन लोगों के पास इतने रुपये आते हैं। मेरे मामूँ एक थाने में कानिसटिबल हैं। बीस रुपया महीना पाते हैं; लेकिन पचास रुपये घर भेजते हैं। अल्ला कसम! मैंने एक बार पूछा था कि मामूँ, आप इतने रुपये कहाँ से पाते हैं? हँसकर कहने लगे–बेटा, अल्लाह देता है। फिर आप ही बोले–लोग चाहें तो एक दिन में लाखों मार लायें। हम तो इतना ही लेते हैं, जिसमें अपनी बदनामी न हो और नौकरी न चली जाये।

हामिद ने पूछा–यह लोग चोरी करवाते हैं तो कोई इन्हें पकड़ता नहीं?

मोहसिन उसकी नादानी पर दया दिखाकर बोला–अरे पागल, इन्हें कौन पकड़ेगा। पकड़ने वाला तो यह ख़ुद है; लेकिन अल्लाह इन्हें सजा भी खूब देता है। हराम का माल हराम में जाता है। थोड़े ही दिन हुए, मामूँ के घर में आग लग गयी। सारी लेई-पूँजी जल गयी। एक बरतन तक न बचा। कई दिन पेड़ के नीचे सोये, अल्ला कसम, पेड़ के नीचे। फिर न जाने कहाँ से एक सौ कर्ज लाये तो बरतन-भाँडे आये।

हामिद–एक सौ तो पचास से ज़्यादा होते हैं?

'कहाँ पचास कहाँ एक सौ। पचास एक थैली-भर होता है। सौ तो दो थैलियों में भी न आवें।'

अब बस्ती घनी होने लगी थी। ईदगाह जाने वालों की टोलियाँ नजर आने लगीं। एक-से-एक भड़कीले वस्त्र पहने हुए। कोई इक्के-ताँगे पर सवार, कोई मोटर पर, सभी इत्र में बसे; सभी के दिलों में उमंग। ग्रामीणों का यह छोटा-सा दल अपनी विपन्नता से बेखबर, सन्तोष और धैर्य में मगन चला जा रहा था। बच्चों के लिए नगर की सभी चीज़ें अनोखी थीं। जिस चीज़ की ओर ताक़ते, ताक़ते ही रह जाते। और पीछे से बार-बार हॉर्न की आवाज होने पर भी न चेतते। हामिद तो मोटर के नीचे आते-आते बचा।

सहसा ईदगाह नजर आया। ऊपर इमली के घने वृक्षों की छाया। नीचे पक्का फर्श है, जिस पर जाजिम बिछा हुआ है। और रोज़ेदारों की पंक्तियाँ एक के पीछे एक न जाने कहाँ तक चली गयी हैं, पक्के जगत के नीचे तक, जहाँ जाजिम भी नहीं है। नये आने वाले आकर पीछे की कतार में खड़े हो जाते हैं। आगे जगह नहीं है। यहाँ कोई धन और पद नहीं देखता। इस्लाम की निगाह में सब बराबर हैं। इन ग्रामीणों ने भी वज़ू किया और पिछली पंक्ति में खड़े हो गये। कितना सुन्दर संचालन है, कितनी सुन्दर व्यवस्था! लाखों सिर एक साथ सिजदे में झुक जाते हैं, फिर

सबके-सब एक साथ खड़े हो जाते हैं, एक साथ झुकते हैं और एक साथ घुटनों के बल बैठ जाते हैं। कई बार यही क्रिया होती है, जैसे बिजली की लाखों बत्तियाँ एक साथ प्रदीप्त हों और एक साथ बुझ जायें और यही क्रम चलता है। कितना अपूर्व दृश्य था, जिसकी सामूहिक क्रियाएँ, विस्तार और अनन्तता हृदय को श्रद्धा, गर्व और आत्मानन्द से भर देती थीं, मानो भ्रातृत्व का एक सूत्र इन समस्त आत्माओं को एक लड़ी में पिरोये हुए है।

नमाज़ ख़त्म हो गयी है। लोग आपस में गले मिल रहे हैं। तब मिठाई और खिलौने की दुकानों पर धावा होता है। ग्रामीणों का यह दल इस विषय में बालकों से कम उत्साही नहीं है। यह देखो, हिंडोला है। एक पैसा देकर चढ़ जाओ। कभी आसमान पर जाते हुए मालूम होंगे, कभी जमीन पर गिरते हुए। यह चर्खी है, लकड़ी के हाथी, घोड़े, ऊँट छड़ों से लटके हुए हैं। एक पैसा देकर बैठ जाओ और पच्चीस चक्करों का मजा लो। महमूद और मोहसिन और नूरे और सम्मी इन घोड़ों और ऊँटों पर बैठते हैं। हामिद दूर खड़ा है। तीन ही पैसे तो उसके पास हैं। अपने कोष का तिहाई जरा-सा चक्कर खाने के लिए नहीं दे सकता।

सब चर्खियों से उतरते हैं। अब खिलौने लेंगे। इधर दुकानों की कतार लगी हुई है। तरह-तरह के खिलौने हैं–सिपाही और गुज़रिया, राजा और वकील, भिश्ती और धोबिन और साधू। वाह! कितने सुन्दर खिलौने हैं। अब बोलना ही चाहते हैं। महमूद सिपाही लेता है, खाकी वर्दी और लाल पगड़ीवाला, कन्धे पर बन्दूक रखे हुए। मालूम होता है, अभी कवायद किये चला आ रहा है। मोहसिन को भिश्ती पसन्द आया। कमर झुकी है, ऊपर मशक रखे हुए है। मशक का मुँह एक हाथ से पकड़े हुए है। कितना प्रसन्न है। शायद कोई गीत गा रहा है। बस, मशक से पानी उड़ेलना ही चाहता है। नूरे को वकील से प्रेम है। कैसी विद्वत्ता है उसके मुख पर! काला चोगा, नीचे सफ़ेद अचकन, अचकन के सामने की जेब में घड़ी, सुनहरी जंजीर, एक हाथ में कानून का पोथा लिये हुए। मालूम होता है, अभी किसी अदालत से जिरह या बहस किये चला आ रहा है। यह सब दो-दो पैसे के खिलौने हैं। हामिद के पास कुल तीन पैसे हैं; इतने महँगे खिलौने वह कैसे ले? खिलौना कहीं हाथ से छूट पड़े, तो चूर-चूर हो जाये। जरा पानी पड़े तो सारा रंग धुल जाये। ऐसे खिलौने लेकर वह क्या करेगा; किस काम के!

मोहसिन–मेरा भिश्ती रोज पानी दे जायेगा; साँझ-सबेरे।

महमूद–और मेरा सिपाही घर का पहरा देगा। कोई चोर आवेगा, तो फौरन बन्दूक से फैर कर देगा!

नूरे–और मेरा वकील खूब मुक़दमा लड़ेगा।

सम्मी–और मेरी धोबिन रोज़ कपड़े धोयेगी।

हामिद खिलौनों की निन्दा करता है–मिट्टी ही के तो हैं, गिरें तो चकनाचूर हो जायें, लेकिन ललचाई हुई आँखों से खिलौनों को देख रहा है और चाहता है कि जरा देर के लिए उन्हें हाथ में ले सकता। उसके हाथ अनायास ही लपकते हैं, लेकिन लड़के इतने त्यागी नहीं होते, विशेषकर जब अभी नया शौक है। हामिद ललचाता रह जाता है।

खिलौनों के बाद मिठाइयाँ आती हैं। किसी ने रेवड़ियाँ ली हैं, किसी ने गुलाब जामुन, किसी ने सोहनहलुआ। मजे से खा रहे हैं। हामिद उनकी बिरादरी से पृथक् है। अभागे के पास तीन पैसे हैं। क्यों नहीं कुछ लेकर खाता? ललचायी आँखों से सबकी ओर देखता है।

मोहसिन कहता है–हामिद, रेवड़ी ले जा, कितनी खुशबूदार है।

हामिद को सन्देह हुआ, यह केवल क्रूर विनोद है, मोहसिन इतना उदार नहीं है; लेकिन यह जानकर भी वह उसके पास जाता है। मोहसिन दोने से एक रेवड़ी निकालकर हामिद की ओर बढ़ाता है। हामिद हाथ फैलाता है। मोहसिन रेवड़ी अपने मुँह में रख लेता है। महमूद, नूरे और सम्मी खूब तालियाँ बजा-बजाकर हँसते हैं। हामिद खिसिया जाता है।

मोहसिन–अच्छा, अबकी ज़रूर देंगे हामिद, अल्ला कसम, ले जाव।

हामिद–रखे रहो। क्या मेरे पास पैसे नहीं हैं?

सम्मी–तीन ही पैसे तो हैं। तीन पैसे में क्या-क्या लोगे?

महमूद–हमसे गुलाब जामुन ले जाव हामिद। मोहसिन बदमाश है।

हामिद–मिठाई कौन बड़ी नेमत है। किताब में इसकी कितनी बुराइयाँ लिखी हैं।

मोहसिन–लेकिन दिल में कह रहे होंगे कि मिले तो खा लें। अपने पैसे क्यों नहीं निकालते?

महमूद–हम समझते हैं इसकी चालाकी। जब हमारे सारे पैसे खर्च हो जायेंगे, तो हमें ललचा-ललचाकर खायेगा।

मिठाइयों के बाद कुछ दुकानें लोहे की चीज़ों की हैं। कुछ गिलट और कुछ नकली गहनों की। लड़कों के लिए यहाँ कोई आकर्षण न था। वह सब आगे बढ़

जाते हैं। हामिद लोहे की दुकान पर रुक जाता है। कई चिमटे रखे हुए थे। उसे खयाल आया, दादी के पास चिमटा नहीं है। तवे से रोटियाँ उतारती है, तो हाथ जल जाता है; अगर वह चिमटा ले जाकर दादी को दे दे, तो वह कितनी प्रसन्न होंगी? फिर उनकी उँगलियाँ कभी न जलेंगी। घर में एक काम की चीज़ हो जायेगी। खिलौने से क्या फ़ायदा। व्यर्थ में पैसे ख़राब होते हैं। जरा देर ही तो खुशी होती है। फिर तो खिलौनों को कोई आँख उठा कर नहीं देखता या तो घर पहुँचते-पहुँचते टूट-फूट बराबर हो जायेंगे या छोटे बच्चे जो मेले में नहीं आये हैं, ज़िद करके ले लेंगे और तोड़ डालेंगे। चिमटा कितने काम की चीज़ है। रोटियाँ तवे से उतार लो, चूल्हें में सेंक लो। कोई आग माँगने आये; तो चटपट चूल्हे से आग निकालकर उसे दे दो। अम्मा बेचारी को कहाँ फुर्सत है कि बाज़ार आये और इतने पैसे ही कहाँ मिलते हैं। रोज़ हाथ जला लेती है। हामिद के साथी आगे बढ़ गये हैं। छबील पर सब-के-सब शर्बत पी रहे हैं। देखो, सब कितने लालची हैं। इतनी मिठाइयाँ लीं, मुझे किसी ने एक भी न दी। उस पर कहते हैं, मेरे साथ खेलो। मेरा यह काम करो। अब अगर किसी ने कोई काम करने को कहा, तो पूछूँगा। खायें मिठाइयाँ, आप मुँह सड़ेगा, फोड़े-फुंसियाँ निकलेंगी, आप ही जबान चटोरी हो जायेगी। तब घर के पैसे चुरायेंगे और मार खायेंगे। किताब में झूठी बातें थोड़े ही लिखी हैं। मेरी ज़बान क्यों ख़राब होगी? अम्मा चिमटा देखते ही दौड़कर मेरे हाथ से ले लेंगी और कहेंगी–मेरा बच्चा अम्मा के लिए चिमटा लाया है! हज़ारों दुआएँ देंगी। फिर पड़ोस की औरतों को दिखायेंगी। सारे गाँव में चरचा होने लगेगी, हामिद चिमटा लाया है। कितना अच्छा लड़का है। इन लोगों के खिलौनों पर कौन इन्हें दुआएँ देगा। बड़ों की दुआएँ सीधे अल्लाह के दरबार में पहुँचती हैं और तुरन्त सुनी जाती हैं। मेरे पास पैसे नहीं हैं। तभी तो मोहसिन और महमूद यों मिजाज दिखाते हैं। मैं भी इनसे मिजाज दिखाऊँगा। खेलें खिलौने और खायें मिठाइयाँ। मैं नहीं खेलता खिलौने, किसी का मिजाज क्यों सहूँ। मैं ग़रीब सही, किसी से कुछ माँगने तो नहीं जाता। आख़िर अब्बाजान कभी-न-कभी आयेंगे। अम्मा भी आयेंगी ही। फिर इन लोगों से पूछूँगा कितने खिलौने लोगे? एक-एक को टोकरियों खिलौने दूँ और दिखा दूँ कि दोस्तों के साथ इस तरह सुलूक किया जाता है। यह नहीं कि एक पैसे की रेवड़ियाँ लीं तो चिढ़ा-चिढ़ाकर खाने लगे। सब-के-सब खूब हँसेंगे कि हामिद ने चिमटा लिया है। हँसें। मेरी बला से। उसने दुकानदार से पूछा–यह चिमटा कितने का है?

दुकानदार ने उसकी ओर देखा और कोई आदमी साथ न देखकर कहा–"यह तुम्हारे काम का नहीं है जी?"

"बिकाऊ क्यों नहीं है। और यहाँ क्यों लाद लाये हैं?"

"बिकाऊ है?"

"तो बताते क्यों नहीं, कै पैसे का है?"

"छै पैसे लगेंगे।"

हामिद का दिल बैठ गया।

"ठीक-ठीक पाँच पैसे लगेंगे, लेना हो लो, नहीं चलते बनो।"

हामिद ने कलेजा मज़बूत करके कहा–तीन पैसे लोगे?

यह कहता हुआ वह आगे बढ़ गया कि दुकानदार की घुड़कियाँ न सुने। लेकिन दुकानदार ने घुड़कियाँ नहीं दीं। बुलाकर चिमटा दे दिया। हामिद ने उसे इस तरह कन्धे पर रखा, मानो बन्दूक है और शान से अकड़ता हुआ संगियों के पास आया। जरा सुनें, सब-के-सब क्या-क्या आलोचनाएँ करते हैं।

मोहसिन ने हँसकर कहा–यह चिमटा क्यों लाया पगले; इसे क्या करेगा? हामिद ने चिमटे को जमीन पर पटककर कहा–जरा अपना भिश्ती जमीन पर गिरा दो। सारी पसलियाँ चूर-चूर हो जायें बच्चा की।

महमूद बोला–तो यह चिमटा कोई खिलौना है?

हामिद–खिलौना क्यों नहीं? अभी कन्धे पर रखा, बन्दूक हो गयी। हाथ में लिया, फकीरों का चिमटा हो गया। चाहूँ तो इससे मजीरे का काम ले सकता हूँ। एक चिमटा जमा दूँ तो तुम लोगों के सारे खिलौनों की जान निकल जाये। तुम्हारे खिलौने कितना ही ज़ोर लगावें, वे मेरे चिमटे का बाल भी बाँका नहीं कर सकते। मेरा बहादुर शेर है–चिमटा।

सम्मी ने खँजरी ली थी। प्रभावित होकर बोला–मेरी खँजरी से बदलोगे? दो आने की है।

हामिद ने खँजरी की ओर उपेक्षा से देखा–मेरा चिमटा चाहे तो तुम्हारी खँजरी का पेट फाड़ डाले। बस, एक चमड़े की झिल्ली लगा दी, ढब-ढब बोलने लगी। जरा-सा पानी लग जाये तो खतम हो जाय। मेरा बहादुर चिमटा आग में, पानी में, तूफान में बराबर डटा खड़ा रहेगा।

चिमटे ने सभी को मोहित कर लिया; लेकिन अब पैसे किसके पास धरे हैं! फिर मेले से दूर निकल आये हैं, नौ कब के बज गये, धूप तेज हो रही है। घर पहुँचने की जल्दी हो रही थी। बाप से ज़िद भी करें, तो चिमटा नहीं मिल सकता है। हामिद है बड़ा चालाक। इसीलिए बदमाश ने अपने पैसे बचा रखे थे!

अब बालकों के दो दल हो गये हैं। मोहसिन, महमूद, सम्मी और नूर एक तरफ़ हैं, हामिद अकेला दूसरी तरफ़। शास्त्रार्थ हो रहा है। सम्मी तो विधर्मी हो गया। दूसरे पक्ष से जा मिला; लेकिन मोहसिन, महमूद और नूरे भी, हामिद से एक-एक, दो-दो साल बड़े होने पर भी हामिद के आघातों से आतंकित हो उठे हैं। उसके पास न्याय का बल है और नीति की शक्ति। एक ओर मिट्टी है, दूसरी ओर लोहा, जो इस वक़्त अपने को फौलाद कह रहा है। वह अजेय है, घातक है। अगर कोई शेर आ जाये, तो मियाँ भिश्ती के छक्के छूट जायें, मियाँ सिपाही मिट्टी की बन्दूक छोड़कर भागें, वकील साहब की नानी मर जाये, चोगे में मुँह छिपाकर जमीन पर लेट जायें। मगर यह चिमटा, यह बहादुर, यह रुस्तम-ए-हिन्द लपककर शेर की गरदन पर सवार हो जायेगा और उसकी आँखें निकाल लेगा।

मोहसिन ने एड़ी-चोटी का ज़ोर लगाकर कहा–अच्छा, पानी तो नहीं भर सकता।

हामिद ने चिमटे को सीधा खड़ा करके कहा–भिश्ती को एक डाँट बतायेगा, तो दौड़ा हुआ पानी लाकर उसके द्वार पर छिड़कने लगेगा।

मोहसिन परास्त हो गया; पर महमूद ने कुमक पहुँचाई–अगर बच्चा पकड़ जायें तो अदालत में बँधे-बँधे फिरेंगे। तब तो वकील साहब के ही पैरों पड़ेंगे।

हामिद इस प्रबल तर्क का जवाब न दे सका। उसने पूछा–हमें पकड़ने कौन आयेगा?

नूरे ने अकड़कर कहा–यह सिपाही बन्दूक वाला।

हामिद ने मुँह चिढ़ाकर कहा–यह बेचारे हम बहादुर रुस्तम-ए-हिन्द को पकड़ेंगे! अच्छा लाओ, अभी जरा कुश्ती हो जाये। इसकी सूरत देखकर दूर से भागेंगे। पकड़ेंगे क्या बेचारे!

मोहसिन को एक नयी चोट सूझ गयी–तुम्हारे चिमटे का मुँह रोज़ आग में जलेगा।

उसने समझा था कि हामिद लाजवाब हो जायेगा; लेकिन यह बात न हुई। हामिद ने तुरन्त जवाब दिया–आग में बहादुर ही कूदते हैं जनाब, तुम्हारे यह वकील, सिपाही और भिश्ती लौंडियों की तरह घर में घुस जायेंगे। आग में कूदना वह काम है, जो रुस्तम-ए-हिन्द ही कर सकता है।

महमूद ने एक ज़ोर लगाया–वकील साहब कुर्सी-मेज़ पर बैठेंगे, तुम्हारा चिमटा तो बावरचीखाने में जमीन पर पड़ा रहेगा।

इस तर्क ने सम्मी और नूरे को भी सजीव कर दिया। कितने ठिकाने की बात कही है पट्ठे ने। चिमटा बावरचीखाने में पड़े रहने के सिवा और क्या कर सकता है?

हामिद को कोई फड़कता हुआ जवाब न सूझा तो उसने धाँधली शुरू की–मेरा चिमटा बावरचीखाने में नहीं रहेगा। वकील साहब कुरसी पर बैठेंगे तो जाकर उन्हें जमीन पर पटक देगा और उनका कानून उनके पेट में डाल देगा।

बात कुछ बनी नहीं। ख़ासी गाली-गलौच थी; कानून को पेट में डालने वाली बात छा गयी। ऐसी छा गयी कि तीनों सूरमा मुँह ताक़ते रह गये, मानो कोई धेलचा कनकौआ किसी गण्डेवाले कनकौए को काट गया हो। कानून मुँह से बाहर निकलने वाली चीज़ है। उसको पेट के अन्दर डाल दिया जावे, बेतुकी-सी बात होने पर भी कुछ नयापन रखती है। हामिद ने मैदान मार लिया। उसका चिमटा रुस्तम-ए-हिन्द है। अब इसमें मोहसिन, महमूद, नूरे, सम्मी किसी को भी आपत्ति नहीं हो सकती।

विजेता को हारने वालों से जो सत्कार मिलना स्वाभाविक है, वह हामिद को भी मिला। औरों ने तीन-तीन, चार-चार आने पैसे खर्च किये; पर कोई काम की चीज़ न ले सके। हामिद ने तीन पैसे में रंग जमा लिया। सच ही तो है, खिलौनों का क्या भरोसा? टूट-फूट जायेंगे। हामिद का चिमटा बना रहेगा बरसों!

सन्धि की शर्त तय होने लगी। मोहसिन ने कहा–जरा अपना चिमटा दो, हम भी देखें, तुम हमारा भिश्ती लेकर देखो।

महमूद और नूरे ने भी अपने-अपने खिलौने पेश किये।

हामिद को इन शर्तों के मानने में कोई आपत्ति न थी। चिमटा बारी-बारी से सबके हाथ में गया; और उनके खिलौने बारी-बारी से हामिद के हाथ में आये। कितने ख़ूबसूरत खिलौने हैं!

हामिद ने हारने वाले के आँसू पोंछे–मैं तुम्हें चिढ़ा रहा था, सच। यह लोहे का चिमटा भला इन खिलौनों की क्या बराबरी करेगा; मालूम होता है, अब बोले, अब बोले।

लेकिन मोहसिन की पार्टी को इस दिलासे से सन्तोष नहीं होता। चिमटे का सिक्का खूब बैठ गया है। चिपका हुआ टिकट अब पानी से नहीं छूट रहा है।

मोहसिन–लेकिन इन खिलौनों के लिए कोई हमें दुआ तो न देगा।

महमूद–दुआ को लिए फिरते हो। उलटे मार न पड़े। अम्मा ज़रूर कहेंगी कि मेले में मिट्टी के खिलौने तुम्हें मिले?

हामिद को स्वीकार करना पड़ा कि खिलौनों को देखकर किसी की माँ इतनी खुश न होंगी, जितनी दादी चिमटे को देखकर होंगी। तीन पैसों ही में तो उसे सब कुछ करना था, और उन पैसों के इस उपयोग पर पछतावे की बिल्कुल ज़रूरत न थी। फिर अब तो चिमटा रुस्तम-ए-हिन्द है और सभी खिलौनों का बादशाह।

रास्ते में महमूद को भूख लगी। उसके बाप ने केले खाने को दिये। महमूद ने केवल हामिद को साझी बनाया। उसके अन्य मित्रा मुँह ताक़ते रह गये। यह उस चिमटे का प्रसाद था।

ग्यारह बजे सारे गाँव में हलचल मच गयी। मेले वाले आ गये। मोहसिन की छोटी बहन ने दौड़कर भिश्ती उसके हाथ से छीन लिया और मारे खुशी के जो उछली, तो मियाँ भिश्ती नीचे आ रहे और सुरलोक सिधारे। इस पर भाई-बहन में मार-पीट हुई। दोनों खूब रोये। उनकी अम्माँ यह शोर सुनकर बिगड़ीं और दोनों को ऊपर से दो-दो चाँटे और लगाये।

मियाँ नूरे के वकील का अन्त उसके प्रतिष्ठानुकूल इससे ज़्यादा गौरवमय हुआ। वकील जमीन पर या ताक पर तो नहीं बैठ सकता। उसकी मर्यादा का विचार तो रखना ही होगा। दीवार में दो खूटियाँ गाड़ी गयीं। उन पर लकड़ी का एक पटरा रखा गया। पटरे पर कागज का कालीन बिछाया गया। वकील साहब राजा भोज की भाँति सिंहासन पर विराजे। नूरे ने उन्हें पंखा झलना शुरू किया। अदालतों में खस की टट्टियाँ और बिजली के पंखे रहते हैं। क्या यहाँ मामूली पंखा भी न हो। कानून की गर्मी दिमाग पर चढ़ जायेगी कि नहीं। बाँस का पंखा आया और नूरे हवा करने लगे। मालूम नहीं, पंखे की हवा से या पंखे की चोट से वकील साहब स्वर्गलोक से मृत्युलोक में आ रहे और उनका माटी का चोला माटी में मिल गया। फिर बड़े ज़ोर-शोर से मातम हुआ और वकील साहब की अस्थि घूर पर डाल दी गयी।

अब रहा महमूद का सिपाही। उसे चटपट गाँव का पहरा देने का चार्ज मिल गया; लेकिन पुलिस का सिपाही कोई साधारण व्यक्ति तो था नहीं; जो अपने पैरों चले। वह पालकी पर चलेगा। एक टोकरी आयी, उसमें कुछ लाल रंग के फटे-पुराने चिथड़े बिछाये गये, जिसमें सिपाही साहब आराम से लेटे। नूरे ने यह टोकरी उठायी और अपने द्वार का चक्कर लगाने लगे। उनके दोनों छोटे भाई सिपाही की तरफ़ से 'छोनेवाले, जागते लहो' पुकारते चलते हैं। मगर रात तो अँधेरी ही होनी चाहिए। महमूद को ठोकर लग जाती है। टोकरी उसके हाथ से छूटकर गिर पड़ती है और मियाँ सिपाही अपनी बन्दूक लिए जमीन पर आ जाते हैं और उनकी एक टाँग में विकार आ जाता है। महमूद को आज ज्ञात हुआ कि वह अच्छा डॉक्टर है। उसको ऐसा मरहम मिल गया है, जिससे वह टूटी टाँग को आनन-फानन जोड़ सकता है। केवल

गूलर का दूध चाहिए। गूलर का दूध आता है। टाँग जोड़ दी जाती है; लेकिन सिपाही को ज्यों ही खड़ा किया जाता है, टाँग जवाब दे जाती है। शल्यक्रिया असफल हुई, तब उसकी दूसरी टाँग भी तोड़ दी जाती है। अब कम-से-कम एक जगह आराम से बैठ तो सकता है। एक टाँग से तो न चल सकता था, न बैठ सकता था। अब वह सिपाही संन्यासी हो गया है। अपनी जगह पर बैठा-बैठा पहरा देता है। कभी-कभी देवता भी बन जाता है। उसके सिर का झालरदार साफा खुरच दिया गया है। अब उसका जितना रूपान्तर चाहो, कर सकते हो। कभी-कभी तो उससे बाट का काम भी लिया जाता है।

अब मियाँ हामिद का हाल सुनिए। अमीना उसकी आवाज सुनते ही दौड़ी और उसे गोद में उठाकर प्यार करने लगी। सहसा उसके हाथ में चिमटा देखकर वह चौंकी।

"यह चिमटा कहाँ था?"

"मैंने मोल लिया है।'

"कै पैसे में?'

"तीन पैसे दिये।'

अमीना ने छाती पीट ली। यह कैसा बेसमझ लड़का है कि दोपहर हुआ, कुछ खाया न पिया। लाया क्या यह चिमटा! सारे मेले में तुझे और कोई चीज़ न मिली, जो यह लोहे का चिमटा उठा लाया।

हामिद ने अपराधी भाव से कहा–तुम्हारी उँगलियाँ तवे से जल जाती थीं, इसलिए मैंने इसे ले लिया।

बुढ़िया का क्रोध तुरन्त स्नेह में बदल गया, और स्नेह भी वह नहीं, जो प्रगल्भ होता है और अपनी सारी कसक शब्दों में बिखेर देता है। यह मूक स्नेह था, खूब ठोस, रस और स्वाद से भरा हुआ। बच्चे में कितना त्याग, कितना सद्भाव और कितना विवेक है! दूसरों को खिलौने लेते और मिठाई खाते देखकर उसका मन कितना ललचाया होगा। इतना जब्त इससे हुआ कैसे? वहाँ भी उसे अपनी बुढ़िया दादी की याद बनी रही। अमीना का मन गद्गद हो गया।

और अब एक बड़ी विचित्रा बात हुई। हामिद के इस चिमटे से भी विचित्रा। बच्चे हामिद ने बूढ़े हामिद का पार्ट खेला था। बुढ़िया अमीना बालिका अमीना बन गयी। वह रोने लगी। दामन फैलाकर हामिद को दुआएँ देती जाती थी और आँसू की बड़ी-बड़ी बूँदें गिराती जाती थी। हामिद इसका रहस्य क्या समझता!

सच्चिदानन्द हीरानन्द वात्स्यायन 'अज्ञेय'

सच्चिदानन्द हीरानन्द वात्स्यायन 'अज्ञेय' का जन्म उत्तर प्रदेश के देवरिया (अब कुशीनगर) ज़िले के कसिया गाँव के पुरातत्त्व विभाग के एक खुदाई शिविर में 7 मार्च, 1911 को हुआ था। उन्होंने बी.एससी. के बाद एम.ए. किया। अपने विद्यार्थी-जीवन में ही वे क्रान्तिकारियों के सम्पर्क में आये और 'हिन्दुस्तान रिपब्लिक पार्टी' के सदस्य बन गये। अंग्रेज़ सरकार विरोधी गतिविधियों के लिए इन्हें कई साल जेल में भी रहना पड़ा। सन् 1943 में वे एक कैप्टन के रूप में कोहिमा फ्रंट पर तैनात किये गये थे। स्वतन्त्रता के बाद कुछ समय तक इन्होंने भारत सरकार के रेडियो के समाचार विभाग में काम किया। तत्पश्चात् इन्होंने कैलिफ़ोर्निया विश्वविद्यालय में भारतीय संस्कृति का अध्यापन कार्य किया। इन्होंने 'विशाल भारत', 'दिनमान', 'नया प्रतीक', 'थाट' तथा 'नवभारत टाइम्स' का सम्पादन कार्य भी कुछ वर्षों तक किया। 'आँगन के पार द्वार' पर इन्हें 'साहित्य अकादेमी पुरस्कार' और 'कितनी नावों में कितनी बार' पर 'ज्ञानपीठ पुरस्कार' प्रदान किया गया। अज्ञेय एक समर्थ कवि, कुशल उपन्यासकार, कहानी-लेखक तथा निबन्धकार हैं।

बहुमुखी प्रतिभा के धनी अज्ञेय हिन्दी की छायावादोत्तर कविता के प्रमुख हस्ताक्षरों में से रहे हैं। वे प्रयोगवाद तथा नयी कविता के प्रवर्तक भी रहे। उनकी कविता में अकेलेपन का एक समृद्ध संसार है तथा रोमांटिक व्यक्तिवादी विद्रोह मिलता है। वे ख़ासतौर पर प्रेम और प्रकृति के कवि हैं। क्षणवाद, भोगवाद तथा युग-जीवन की प्रतिध्वनियाँ नये प्रतीकों और नये बिम्बों में ढलकर इनके काव्य को समृद्ध करती हैं। उनका गद्य-लेखन में भी एक बड़ा काम है। उन्होंने जो नवीन प्रयोग किये, वह हिन्दी गद्य-साहित्य में एक अलग आस्वाद की तरह था, जिससे एक नयी लीक बनी। उन्होंने 'तार सप्तक', 'दूसरा सप्तक', 'तीसरा सप्तक', 'चौथा सप्तक' का सम्पादन किया, जिससे कई महत्त्वपूर्ण रचनाकार उभरकर सामने आये।

उनकी मुख्य कृतियाँ हैं : **कविता :** 'इत्यलम्', 'बावरा अहेरी', 'हरी घास पर क्षण भर', 'आँगन के पार द्वार', 'कितनी नावों में कितनी बार'; **उपन्यास :** 'शेखर : एक जीवनी', 'नदी के द्वीप', 'अपने-अपने अजनबी'; **निबन्ध :** 'आत्मनेपद'; **यात्रा-वृत्तान्त :** 'अरे यायावर रहेगा याद?', 'सहसा एक बूँद उछली'।

अज्ञेय का निधन 4 अप्रैल 1987 को हुआ।

रोज़

●

सच्चिदानन्द हीरानन्द वात्स्यायन 'अज्ञेय'

दोपहरिए में उस घर के सूने आँगन में पैर रखते ही मुझे ऐसा जान पड़ा, मानो उस पर किसी शाप की छाया मँडरा रही हो, उसके वातावरण में कुछ ऐसा अकथ्य, अस्पृश्य, किन्तु फिर भी बोझिल और प्रकम्पमय और घना-सा फैल रहा था...।

मेरी आहट सुनते ही मालती बाहर निकली। मुझे देखकर, पहचानकर उसकी मुरझाई हुई मुख-मुद्रा तनिक-से मीठे विस्मय से जागी-सी और फिर पूर्ववत् हो गयी। उसने कहा, "आ जाओ।" और बिना उत्तर की प्रतीक्षा किये भीतर की ओर चली। मैं भी उसके पीछे हो लिया।

भीतर पहुँचकर मैंने पूछा, "वे यहाँ नहीं हैं?"

"अभी आये नहीं, दफ़्तर में हैं। थोड़ी देर में आ जायेंगे। कोई डेढ़-दो बजे आया करते हैं।"

"कब के गये हुए हैं?"

"सबेरे उठते ही चले जाते हैं।"

मैं 'हूँ' कहकर पूछने को हुआ, "और तुम इतनी देर क्या करती हो?" पर फिर सोचा, आते ही एकाएक प्रश्न ठीक नहीं है। मैं कमरे के चारों ओर देखने लगा।

मालती एक पंखा उठा लायी, और मुझे हवा करने लगी। मैंने आपत्ति करते हुए कहा, "नहीं, मुझे नहीं चाहिए।" पर वह नहीं मानी, बोली, "वाह। चाहिए कैसे नहीं? इतनी धूप में तो आये हो। यहाँ तो–"

मैंने कहा, "अच्छा, लाओ मुझे दे दो।"

वह शायद, 'ना' करने वाली थी, पर तभी दूसरे कमरे से शिशु के रोने की आवाज़ सुनकर उसने चुपचाप पंखा मुझे दे दिया और घुटनों पर हाथ टेककर एक थकी हुई 'हुँह' करके उठी और भीतर चली गयी।

मैं उसके जाते हुए दुबले शरीर को देखकर सोचता रहा–यह क्या है...यह कैसी छाया-सी इस घर पर छायी हुई है...

मालती मेरी दूर के रिश्ते की बहिन है, किन्तु उसे सखी कहना ही उचित है, क्योंकि हमारा परस्पर सम्बन्ध सख्य का ही रहा है। हम बचपन से इकट्ठे खेले हैं, इकट्ठे लड़े और पिटे हैं और हमारी पढ़ाई भी बहुत-सी इकट्ठे ही हुई थी और हमारे व्यवहार में सदा सख्य की स्वेच्छा और स्वच्छन्दता रही है, वह कभी भ्रातृत्व के या बड़े-छोटेपन के बन्धनों में नहीं घिरा।

मैं आज कोई चार वर्ष बाद उसे देखने आया हूँ। जब मैंने उसे इससे पूर्व देखा था, तब वह लड़की ही थी, अब वह विवाहिता है, एक बच्चे की माँ भी है। इससे कोई परिवर्तन उसमें आया होगा और यदि आया होगा तो क्या, यह मैंने अभी सोचा नहीं था; किन्तु अब उसकी पीठ की ओर देखता हुआ मैं सोच रहा था, यह कैसी छाया इस घर पर छायी हुई है...और विशेषतया मालती पर...

मालती बच्चे को लेकर लौट आयी और फिर मुझसे कुछ दूर नीचे बिछी हुई दरी पर बैठ गयी। मैंने अपनी कुरसी घुमाकर कुछ उसकी ओर उन्मुख होकर पूछा, "इसका नाम क्या है?"

मालती ने बच्चे की ओर देखते हुए उत्तर दिया, "नाम तो कोई निश्चित नहीं किया, वैसे टिटी कहते हैं।"

मैंने उसे बुलाया, "टिटी! टिटी! आ जा!" पर वह अपनी बड़ी-बड़ी आँखों से मेरी ओर देखता हुआ अपनी माँ से चिपट गया, और रुआँसा-सा होकर कहने लगा, "उहुँ-उहुँ-उहुँ-ऊँ...।"

मालती ने फिर उसकी ओर एक नज़र देखा, और फिर बाहर आँगन की ओर देखने लगी।

काफ़ी देर मौन रहा। थोड़ी देर तक तो वह मौन आकस्मिक ही था, जिसमें मैं प्रतीक्षा में था कि मालती कुछ पूछे, किन्तु उसके बाद एकाएक मुझे ध्यान हुआ, मालती ने कोई बात ही नहीं की–यह भी नहीं पूछा कि मैं कैसा हूँ, कैसे आया हूँ... चुप बैठी है, क्या विवाह के दो वर्ष में ही वह बीते दिन भूल गयी? या अब मुझे दूर–इस विशेष अन्तर पर–रखना चाहती है? क्योंकि वह निर्बाध स्वच्छन्दता अब तो नहीं हो सकती...पर फिर भी, ऐसा मौन, जैसा अजनबी से भी नहीं होना चाहिए... मैंने कुछ खिन्न-सा होकर, दूसरी ओर देखते हुए कहा, "जान पड़ता है, तुम्हें मेरे आने से विशेष प्रसन्नता नहीं हुई।"

उसने एकाएक चौंककर कहा, "हूँ?"

यह 'हूँ' प्रश्न-सूचक था, किन्तु इसलिए नहीं कि मालती ने मेरी बात सुनी नहीं थी, केवल विस्मय के कारण। इसलिए मैंने अपनी बात दोहराई नहीं, चुप बैठा रहा। मालती कुछ बोली ही नहीं, तब थोड़ी देर बाद मैंने उसकी ओर देखा। वह एकटक मेरी ओर देख रही थी, किन्तु मेरे उधर उन्मुख होते ही उसने आँखें नीची कर लीं। फिर भी मैंने देखा–उन आँखों में कुछ विचित्र-सा भाव था, मानो मालती के भीतर कहीं कुछ चेष्टा कर रहा हो, किसी बीती हुई बात को याद करने की, किसी बिखरे हुए वायुमंडल को पुन: जगाकर गतिमान करने की, किसी टूटे हुए व्यवहार-तन्तु को पुनरुज्जीवित करने की और चेष्टा में सफल न हो रहा हो...वैसे जैसे बहुत देर से प्रयोग में न लाए हुए अंग को व्यक्ति एकाएक उठाने लगे और पाये कि वह उठता ही नहीं है, चिर-स्मृति में मानो मर गया है, उतने क्षीण बल से (यद्यपि वह सारा प्राप्य बल है) उठ नहीं सकता...मुझे ऐसा जान पड़ा, मानो किसी जीवित प्राणी के गले में किसी मृत जन्तु का तौक डाल दिया गया हो, वह उसे उतारकर फेंकना चाहे, पर उतार न पाये...।

तभी किसी ने किवाड़ खटखटाये। मैंने मालती की ओर देखा; पर वह हिली नहीं। जब किवाड़ दूसरी बार खटखटाये गये, तब वह शिशु को अलग करके उठी और किवाड़ खोलने गयी।

वे यानी मालती के पति आये। मैंने उन्हें पहली बार देखा था, यद्यपि फ़ोटो से उन्हें पहचानता था। परिचय हुआ। मालती खाना तैयार करने आँगन में चली गयी, और हम दोनों भीतर बैठकर बातचीत करने लगे, उनकी नौकरी के बारे में, उनके जीवन के बारे में, उस स्थान के बारे में, आब-ओ-हवा के बारे में और ऐसे अन्य विषयों के बारे में जो पहले परिचय पर उठा करते हैं, एक तरह का स्वरक्षात्मक कवच बनकर...।

मालती के पति का नाम है महेश्वर। वह एक पहाड़ी गाँव में सरकारी डिस्पेंसरी के डॉक्टर हैं, उसकी हैसियत से इन क्वार्टरों में रहते हैं। प्रात:काल सात बजे डिस्पेंसरी चले जाते हैं और डेढ़ या दो बजे लौटते हैं। उसके बाद दोपहर-भर छुट्टी रहती है। केवल शाम को एक-दो घण्टे फिर चक्कर लगाने के लिए जाते हैं। डिस्पेंसरी के साथ के छोटे-से अस्पताल में पड़े हुए रोगियों को देखने और अन्य ज़रूरी हिदायतें करने से उनका जीवन भी बिल्कुल एक निर्दिष्ट ढर्रे पर चलता है। नित्य वही काम, उसी प्रकार के मरीज़, वही हिदायतें, वही नुस्ख़े, वही दवाइयाँ।

वह स्वयं उकताये हुए हैं और इसलिए और साथ ही इस भयंकर गर्मी के कारण वह अपने फ़ुरसत के समय में भी सुस्त ही रहते हैं...

मालती हम दोनों के लिए खाना ले आयी। मैंने पूछा, "तुम नहीं खाओगी? या खा चुकीं?"

महेश्वर बोले, कुछ हँसकर, "वह पीछे खाया करती हैं..."

पति ढाई बजे खाना खाने आते हैं, इसलिए पत्नी तीन बजे तक भूखी बैठी रहेगी!

महेश्वर खाना आरम्भ करते हुए मेरी ओर देखकर बोले, "आपको तो खाने का मज़ा क्या ही आयेगा, ऐसे बे-वक़्त खा रहे हैं?"

मैंने उत्तर दिया, "वाह! देर से खाने पर तो और भी अच्छा लगता है–भूख बढ़ी हुई होती है, पर शायद मालती बहिन को कष्ट होगा।"

मालती टोककर बोली, "ऊहूँ, मेरे लिए तो यह नयी बात नहीं है...रोज़ ही ऐसा होता है...।"

मालती बच्चे को गोद में लिए हुए थी। बच्चा रो रहा था, पर उसकी ओर कोई भी ध्यान नहीं दे रहा था।

मैंने कहा, "यह रोता क्यों है?"

मालती बोली, "हो ही गया है चिड़चिड़ा-सा, हमेशा ही ऐसा रहता है।" फिर बच्चे को डाँटकर कहा, "चुप कर।" जिससे वह और भी रोने लगा, मालती ने भूमि पर बैठा दिया। और बोली, "अच्छा ले, रो ले।" और रोटी लेने आँगन की ओर चली गयी!

जब हमने भोजन समाप्त किया तब तीन बजने वाले थे, महेश्वर ने बताया कि उन्हें आज जल्दी अस्पताल जाना है, वहाँ एक-दो चिन्ताजनक केस आये हुए हैं, जिनका ऑपरेशन करना पड़ेगा–दो की शायद टाँगें काटनी पड़े, Gangrene हो गया है...थोड़ी ही देर में वह चले गये। मालती किवाड़ बन्द कर आयी और मेरे पास बैठने ही लगी थी कि मैंने कहा, "अब खाना तो खा लो, मैं उतनी देर टिटी से खेलता हूँ।"

वह बोली, "खा लूँगी, मेरे खाने की कौन बात है," किन्तु चली गयी। मैं टिटी को हाथ में लेकर झुलाने लगा, जिससे वह कुछ देर के लिए शान्त हो गया।

दूर-शायद अस्पताल में ही, तीन खड़के। एकाएक मैं चौंका। मैंने सुना, मालती वहीं आँगन में बैठी, अपने आप ही एक लम्बी-सी थकी हुई साँस के साथ कह रही है, "तीन बज गये..." मानो बड़ी तपस्या के बाद कोई कार्य सम्पन्न हो गया हो...।

थोड़ी ही देर में मालती फिर आ गयी, मैंने पूछा, "तुम्हारे लिए कुछ बचा भी था? सब कुछ तो..."

"बहुत था।"

"हाँ, बहुत था, भाजी तो सारी मैं ही खा गया था, वहाँ बचा कुछ होगा नहीं, यूँ ही रोब तो न जमाओ कि बहुत था।"–मैंने हँसकर कहा।

मालती मानो किसी और विषय की बात कहती हुई बोली, "यहाँ सब्जी-वब्जी तो कुछ होती ही नहीं, कोई आता-जाता है, तो नीचे से मँगा लेते हैं। मुझे आये पन्द्रह दिन हुए हैं, जो सब्जी साथ लाये थे वही अभी बरती जा रही है...।"

मैंने पूछा, "नौकर कोई नहीं है?"

"कोई ठीक मिला नहीं, शायद दो-एक दिन में हो जाये।"

"बरतन भी तुम्हीं माँजती हो?"

"और कौन?"–कहकर मालती क्षण-भर आँगन में जाकर लौट आयी। मैंने पूछा, "कहाँ गयी थीं?"

"आज पानी ही नहीं है, बरतन कैसे मँजेंगे?"

"क्यों, पानी को क्या हुआ?"

"रोज़ ही होता है...कभी वक़्त पर तो आता नहीं, आज शाम को सात बजे आयेगा, तब बरतन मँजेंगे।"

"चलो तुम्हें सात बजे तक तो छुट्टी हुई"–कहते हुए मैं मन-ही-मन सोचने लगा, "अब इसे रात के ग्यारह बजे तक काम करना पड़ेगा, छुट्टी क्या ख़ाक हुई?"

यही उसने कहा। मेरे पास कोई उत्तर नहीं था, पर मेरी सहायता टिटी ने की, एकाएक फिर रोने लगा और मालती के पास जाने की चेष्टा करने लगा। मैंने उसे दे दिया।

थोड़ी देर फिर मौन रहा, मैंने जेब से अपनी नोटबुक निकाली और पिछले दिनों के लिखे हुए नोट देखने लगा, तब मालती को याद आया कि उसने मेरे आने का कारण तो पूछा नहीं, और बोली, "यहाँ आये कैसे?"

मैंने कहा ही तो, "अच्छा, अब याद आया? तुमसे मिलने आया था और क्या करने?"

"तो दो-एक दिन रहोगे न?"

"नहीं, कल चला जाऊँगा, ज़रूरी जाना है।"

मालती कुछ नहीं बोली, कुछ खिन्न-सी हो गयी। मैं फिर नोटबुक की तरफ़ देखने लगा।

थोड़ी देर बाद मुझे ही ध्यान हुआ, मैं आया तो हूँ मालती से मिलने, किन्तु यहाँ वह बात करने को बैठी है और मैं पढ़ रहा हूँ! पर बात भी क्या की जाये? मुझे ऐसा लग रहा था कि इस घर पर जो छाया घिरी हुई है, वह अज्ञात रहकर भी मानो मुझे भी वश कर रही है, मैं भी वैसा ही नीरस निर्जीव-सा हो रहा हूँ, जैसे–यह घर, जैसे मालती...

मैंने पूछा, "तुम कुछ पढ़ती-लिखती नहीं?" मैं चारों ओर देखने लगा कि कहीं किताबें दीख पड़ें।

"यहाँ!"–कहकर मालती थोड़ा-सा हँस दी। वह हँसी, कह रही थी, "यहाँ पढ़ने को है क्या?"

मैंने कहा, "अच्छा, मैं वापस जाकर ज़रूर कुछ पुस्तकें भेजूँगा..." और वार्तालाप फिर समाप्त हो गया...।

थोड़ी देर बाद मालती ने फिर पूछा, "आये कैसे हो, लारी में?"

"पैदल।"

"इतनी दूर? बड़ी हिम्मत की।"

"आख़िर तुमसे मिलने आया हूँ।"

"ऐसे ही आये हो?"

"नहीं, कुली पीछे आ रहा है, सामान लेकर।–मैंने सोचा, बिस्तरा ले ही चलूँ।"

"अच्छा किया, यहाँ तो बस..." कहकर मालती चुप रह गयी। फिर बोली, "तब तुम थके होगे, लेट जाओ।"

"नहीं बिल्कुल नहीं थका।"

"रहने भी दो, थके नहीं, भला थके हैं?"

"और तुम क्या करोगी?"

"मैं बरतन माँज कर रखती हूँ, पानी आयेगा तो धुल जायेंगे।"

मैंने कहा, "वाह!"–क्योंकि और कोई बात मुझे सूझी नहीं...।

थोड़ी देर में मालती उठी और चली गयी, टिटी को साथ लेकर। तब मैं भी लेट गया और छत की ओर देखने लगा और सोचने लगा...मेरे विचारों के साथ आँगन से आती हुई बरतनों के घिसने की खन-खन ध्वनि मिलकर एक विचित्र एकस्वरता उत्पन्न करने लगी, जिसके कारण मेरे अंग धीरे-धीरे ढीले पड़ने लगे, मैं ऊँघने लगा...।

एकाएक वह एकस्वरता टूट गयी–मौन हो गयी। इससे मेरी तन्द्रा भी टूटी, मैं उस मौन में सुनने लगा–

चार खड़क रहे थे और इसी का पहला घण्टा सुनकर मालती रुक गयी थी...।

वही तीन बजे वाली बात मैंने फिर देखी, अबकी बार और उग्र रूप में। मैंने सुना, मालती एक बिल्कुल अनैच्छिक, अनुभूतिहीन, नीरस यन्त्रवत–वह भी थके हुए यन्त्र की भाँति–स्वर में कह रही है–"चार बज गये..." मानो इस अनैच्छिक समय गिनने-गिनाने में ही उसका मशीन-तुल्य जीवन बीतता हो, वैसे ही, जैसे मोटर का स्पीड-मीटर यन्त्रवत् फ़ासला नापता जाता है, और यन्त्रवत विश्रान्त-स्वर में कहता है (किससे!) कि मैंने अपने अमित शून्यपथ का इतना अंश तय कर लिया...।

न जाने कब, कैसे मुझे नींद आ गयी...।

तब छह कभी के बज चुके थे, जब किसी के आने की आहट से मेरी नींद खुली, और मैंने देखा कि महेश्वर लौट आये हैं, और उनके साथ ही बिस्तर लिये हुए मेरा कुली। मैं मुँह धोने को पानी माँगने को ही था कि मुझे याद आया, पानी नहीं होगा। मैंने हाथों से मुँह पोंछते-पोंछते महेश्वर से पूछा, "आपने बड़ी देर की?"

उन्होंने किंचित् ग्लानि भरे स्वर में कहा, "हाँ, आज वह Gangrene का ऑपरेशन करना ही पड़ा। एक कर आया हूँ, दूसरे को एम्बुलेंस में बड़े अस्पताल भिजवा दिया है।"

मैंने पूछा, "Gangrene कैसे हो गया?"

"एक काँटा चुभा था, उसी से हो गया, बड़े लापरवाह लोग होते हैं यहाँ के...।"

मैंने पूछा, "यहाँ आपको केस अच्छे मिल जाते हैं? आय के लिहाज़ से नहीं, डॉक्टरी के अभ्यास के लिए?"

बोले, "हाँ, मिल ही जाते हैं। यही, हर दूसरे-चौथे दिन एक केस आ जाता है, नीचे बड़े अस्पताल में भी...।"

मालती आँगन से ही सुन रही थी, अब आ गयी, बोली, " हाँ, केस बनाते देर क्या लगती है? काँटा चुभा था, इस पर टाँग काटनी पड़े, यह भी कोई डॉक्टरी है? हर दूसरे दिन किसी की टाँग, किसी की बाँह काट आते हैं, इसी का नाम है अच्छा अभ्यास!"

महेश्वर हँसे। बोले, "न काटें तो उसकी जान गँवायें?"

"हाँ! पहले तो दुनिया में काँटे ही नहीं होते होंगे? आज तक तो सुना नहीं था कि काँटों के चुभने से लोग मर जाते हैं।"

महेश्वर ने उत्तर नहीं दिया, मुस्करा दिये। मालती मेरी ओर देखकर बोली, "ऐसे ही होते हैं डॉक्टर, सरकारी अस्पताल है न, क्या परवाह है। मैं तो रोज़ ही ऐसी बातें सुनती हूँ, अब कोई मर-मुर जाये तो ख़याल ही नहीं होता। पहले तो रात-रात भर नींद नहीं आया करती थी।"

तभी आँगन में खुले हुए नल ने कहा–टिप, टिप, टिप, टटटिप...

मालती ने कहा, "पानी!"–और उठकर चली गयी। 'खन-खन' शब्द से हमने जाना, बरतन धोये जाने लगे हैं।

टिटी महेश्वर की टाँगों के सहारे खड़ा मेरी ओर देख रहा था। अब एकाएक उन्हें छोड़कर मालती की ओर खिसकता हुआ चला। महेश्वर ने कहा, "उधर मत जा!"–और उसे गोद में उठा लिया, वह मचलने और चिल्ला-चिल्लाकर रोने लगा।

महेश्वर बोले, "अब रो-रोकर सो जायेगा, तभी घर में चैन पड़ेगी।"

मैंने पूछा, "आप लोग भीतर ही सोते हैं? गर्मी तो बहुत होती है?"

"होने को तो मच्छर भी बहुत होते हैं, पर यह लोहे के पलंग उठाकर बाहर कौन ले जाये! अबकी नीचे जायेंगे, तो चारपाइयाँ ले आएँगे।"–फिर कुछ रुककर बोले, "अच्छा तो बाहर ही सोयेंगे। आपके आने का इतना लाभ ही होगा।"

टिटी अभी तक रोता ही जा रहा था। महेश्वर ने उसे एक पलंग पर बिठा दिया और पलंग बाहर खींचने लगे। मैंने कहा, "मैं मदद करता हूँ,"–और दूसरी ओर से पलंग उठाकर निकलवा दिये।

अब हम तीनों–महेश्वर, टिटी और मैं पलंग पर बैठ गये और वार्तालाप के लिए उपयुक्त विषय न पाकर उस कमी को छुपाने के लिए टिटी से खेलने लगे, बाहर आकर वह कुछ चुप हो गया था, किन्तु बीच-बीच में जैसे एकाएक कोई भूला हुआ कर्तव्य याद करके रो उठता था, और फिर एकदम चुप हो जाता था...और कभी-कभी हम हँस पड़ते थे या महेश्वर उसके बारे में कुछ बात कह देते थे...।

मालती बरतन धो चुकी थी। जब वह उन्हें लेकर आँगन के एक ओर रसोई के छप्पर की ओर चली, तब महेश्वर ने कहा, "थोड़े-से आम लाया हूँ, वे भी धो लेना।"

"कहाँ हैं?"

"अँगीठी पर रखे हैं–काग़ज़ में लिपटे हुए।"

मालती ने भीतर जाकर आम उठाये और अपने आँचल में डाल लिये। जिस काग़ज़ में वे लिपटे हुए थे वह किसी पुराने अख़बार का टुकड़ा था। मालती चलती-

चलती सन्ध्या के उस क्षीण प्रकाश में उसी को पढ़ती जा रही थी...वह नल के पास जाकर खड़ी उसे पढ़ती रही, जब दोनों ओर पढ़ चुकी, तब एक लम्बी साँस लेकर उसे फेंककर आम धोने लगी।

मुझे एकाएक याद आया...बहुत दिनों की बात थी–जब हम अभी स्कूल में भरती हुए ही थे। जब हमारा सबसे बड़ा सुख, सबसे बड़ी विजय थी हाज़िरी हो चुकने के बाद चोरी के क्लास से निकल भागना और स्कूल से कुछ दूरी पर आम के बग़ीचे में पेड़ों में चढ़कर कच्ची आमियाँ तोड़-तोड़ खाना। मुझे याद आया–कभी जब मैं भाग आता था और मालती नहीं आ पाती थी, तब मैं भी खिन्न मन से लौट आया करता था...।

मालती कुछ नहीं पढ़ती थी, उसके माता-पिता तंग थे, एक दिन उसके पिता ने उसे एक पुस्तक लाकर दी और कहा कि इसके बीस पेज रोज़ पढ़ा करो, हफ़्ते भर बाद मैं देखूँ कि इसे समाप्त कर चुकी हो, नहीं तो मार-मारकर चमड़ी उधेड़ दूँगा, मालती ने चुपचाप किताब ले ली, पर क्या उसने पढ़ी? वह नित्य ही उसके दस पन्ने, बीस पेज़, फाड़कर फेंक देती, अपने खेल में किसी भाँति फ़र्क़ न पड़ने देती। जब आठवें दिन उसके पिता ने पूछा, "किताब समाप्त कर ली?" तो उत्तर दिया–"हाँ, कर ली," पिता ने कहा, "लाओ मैं प्रश्न पूछूँगा", तो चुप खड़ी रही। पिता ने फिर कहा, तो उद्धत स्वर में बोली, "किताब मैंने फाड़कर फेंक दी है। मैं नहीं पढ़ूँगी।"

उसके बाद वह बहुत पिटी, पर वह अलग बात है...इस समय मैं यही सोच रहा था कि वही उद्धत और चंचल मालती आज कितनी सीधी हो गयी है, कितनी शान्त और एक अख़बार के टुकड़े को तरसती है...यह क्या है–

तभी महेश्वर ने पूछा, "रोटी कब बनेगी?"

"बस अभी बनाती हूँ।"

पर अबकी बार जब मालती रसोई की ओर चली, तब टिटी की कर्तव्य-भावना बहुत विस्तीर्ण हो गयी। वह मालती की ओर हाथ बढ़ाकर रोने लगा और नहीं माना, नहीं माना। मालती उसे भी गोद में लेकर चली गयी, रसोई में बैठकर एक हाथ से उसे थपकने और दूसरे से कई एक छोटे-छोटे डिब्बे उठाकर अपने सामने रखने लगी...।

और हम दोनों चुपचाप रात्रि की, और भोजन की; और एक-दूसरे के कुछ कहने की, और न जाने किस-किस न्यूनता की पूर्ति की, प्रतीक्षा करने लगे।

हम भोजन कर चुके थे और बिस्तरों पर लेट गये थे। टिटी सो गया था। मालती पलंग के एक ओर मोमजामा बिछाकर उसे उस पर लिटा गयी थी। वह सो गया

था, पर नींद में कभी-कभी चौंक उठता था। एक बार तो उठकर बैठ भी गया था, पर तुरन्त ही लेट गया।

मैंने महेश्वर से पूछा, "आप तो थके होंगे, सो जाइए।"

वह बोले, "थके तो आप अधिक होंगे–अठारह मील पैदल चलकर आये हैं।" किन्तु उनके स्वर ने मानो जोड़ दिया–थका तो मैं भी हूँ।

मैं चुप रहा। थोड़ी देर में किसी अपर संज्ञा ने मुझे बताया, वह ऊँघ रहे हैं।

तब लगभग साढ़े दस बजे थे। मालती भोजन कर रही थी।

मैं थोड़ी देर मालती की ओर देखता रहा। वह किसी विचार में (यद्यपि बहुत गहरे विचार में नहीं) लीन हुई धीरे-धीरे खाना खा रही थी। फिर मैं इधर-उधर खिसककर, पलंग पर आराम से होकर, आकाश की ओर देखने लगा।

पूर्णिमा थी। आकाश अनभ्र था।

मैंने देखा–उस सरकारी क्वार्टर की दिन में अत्यन्त शुष्क और नीरस लगने वाली स्लेट की छत भी चाँदनी में चमक रही हैं, मानो चन्द्रिका उन पर से बहती हुई आ रही हो, झर रही हो...।

मैंने देखा–पवन में चीड़ के वृक्ष–गर्मी से सूखकर मटमैले हुए चीड़ के वृक्ष–धीरे-धीरे गा रहे हैं–कोई राग जो कोमल है, किन्तु करुण नहीं, अशान्तिमय है, किन्तु उद्वेगमय नहीं...।

मैंने देखा–प्रकाश से धुँधले नीले आकाश के तट पर जो चमगादड़ नीरव उड़ान से चक्कर काट रहे हैं, वे भी सुन्दर दीखते हैं...

मैंने देखा–दिनभर की तपन, अशान्ति, थकान, दाह, पहाड़ों में से भाप की नाईं उठकर वातावरण में सोये जा रहे हैं, जिसे ग्रहण करने के लिए पर्वत-शिशुओं ने अपनी चीड़-वृक्ष-रूपी भुजाएँ आकाश की ओर बढ़ा रखी हैं...।

पर वह सब मैंने ही देखा, अकेले, मैंने...महेश्वर ऊँघ रहे थे और मालती उस समय भोजन से निवृत्त होकर, दही जमाने के लिए मिट्टी का बरतन गरम पानी से धो रही थी और कह रही थी–"बस, अभी छुट्टी हुई जाती है।" और मेरे कहने पर कि "ग्यारह बजने वाले हैं" धीरे से सिर हिलाकर जता रही थी कि रोज़ ही इतने बज जाते हैं...मालती ने वह सब कुछ नहीं देखा। मालती का जीवन अपनी रोज़ की नियत गति से बहा जा रहा था और एक चन्द्रमा की चन्द्रिका के लिए, एक संसार के सौन्दर्य के लिए, रुकने को तैयार नहीं था...।

चाँदनी में शिशु कैसा लगता है, इस अलस जिज्ञासा से मैंने टिटी की ओर देखा और वह एकाएक मानो किसी शैशवोचित कामना से उठा और खिसककर पलंग से नीचे गिर पड़ा और चिल्ला-चिल्लाकर रोने लगा। महेश्वर ने चौंककर कहा, "क्या हुआ?" मैं झपटकर उसे उठाने दौड़ा, मालती रसोई से बाहर निकल आयी, मैंने उस 'खट' शब्द को याद करके धीरे से करुणा-भरे स्वर में कहा, "चोट बहुत लग गयी बेचारे के...।"

यह सब मानो एक ही क्षण में, एक ही क्रिया की गति में हो गया।

मालती ने रोते हुए शिशु को मुझसे लेने के लिए, हाथ बढ़ाते हुए कहा, "इसके चोटें लगती ही रहती हैं, रोज़ ही गिर पड़ता है।"

एक छोटे क्षण-भर के लिए, मैं स्तब्ध हो गया, फिर एकाएक मेरे मन ने, मेरे समूचे अस्तित्व ने, विद्रोह के स्वर में कहा–कहा मेरे मन ने भीतर ही, बाहर एक शब्द भी नहीं निकला!–"माँ, युवती माँ! यह तुम्हारे हृदय को क्या हो गया है, जो तुम अपने एकमात्र बच्चे के गिरने पर ऐसी बात कह सकती हो और यह अभी, जब तुम्हारा सारा जीवन तुम्हारे आगे है?"

और तब एकाएक मैंने जाना कि वह भावना मिथ्या नहीं है, मैंने देखा कि सचमुच उस कुटुम्ब में कोई गहरी भयंकर छाया घर कर गई है, उनके जीवन के इस पहले ही यौवन में घुन की तरह लग गई है, उसका इतना अभिन्न अंग हो गई है कि वे उसे पहचानते ही नहीं, उसी की परिधि में घिरे हुए चले जा रहे हैं, इतना ही नहीं, मैंने उस छाया को देख भी लिया।

इतनी देर में, पूर्ववत् शांति हो गयी थी। महेश्वर फिर लेटकर ऊँघ रहे थे। टिटी मालती के लेटे हुए शरीर से चिपटकर चुप हो गया था, यद्यपि कभी एक-आध सिसकी उसके छोटे-से शरीर को हिला देती थी। मैं भी अनुभव करने लगा था कि बिस्तर अच्छा-सा लग रहा है। मालती चुपचाप ऊपर आकाश में देख रही थी, किन्तु क्या चन्द्रिका को...या तारों को?...

तभी ग्यारह का घण्टा बजा। मैंने अपनी भारी हो रही पलकें उठाकर अकस्मात् किसी अस्पष्ट प्रतीक्षा से मालती की ओर देखा। ग्यारह के पहले घण्टे की खड़कन के साथ ही मालती की छाती एकाएक फफोले की भाँति उठी और धीरे-धीरे बैठने लगी और घण्टा-ध्वनि के कम्पन के साथ ही मूक हो जाने वाली आवाज़ में उसने कहा, "ग्यारह बज गये..."

कुँवर नारायण

19 सितम्बर 1927 को उत्तर प्रदेश में जन्म। लखनऊ विश्वविद्यालय से अंग्रेज़ी साहित्य में एम.ए.। लेखन की शुरुआत कविता से पर साथ ही चिन्तनपरक लेख, साहित्य, समीक्षा, कहानियाँ, विभिन्न कलाओं पर लेख आदि लिखते रहे। अनेक पत्रिकाओं के सम्पादन से सम्बद्ध रहे, जिनमें 'युगचेतना', 'नया प्रतीक' और 'छायानट' प्रमुख हैं। लखनऊ के 'भारतेन्दु नाट्य केन्द्र' के अध्यक्ष तथा 'उत्तर प्रदेश संगीत नाटक अकादमी' के उपाध्यक्ष भी रहे।

नयी कविता आन्दोलन के प्रमुख कवि कुँवर नारायण ने इतिहास और मिथक के ज़रिये अपने वर्तमान को सृजित करने का जो कार्य किया है, वह उन्हें अपनी पीढ़ी की अगली पंक्ति में खड़ा करता है। उनका रचना-संसार इतना व्यापक एवं जटिल है कि उसको कोई एक नाम नहीं दिया जा सकता। नगर-बोध के कवि होते हुए भी इनका लेखन इतना विशाल है कि संवेदना के हर पहलू देखने को मिलते हैं। उन्होंने कविता के साथ-साथ अन्य विधाओं में भी उल्लेखनीय कार्य किया है। उनके लेखन में सहज सम्प्रेषणीयता तो है ही, वे प्रयोगधर्मी लेखक के रूप में भी विशेष हैं।

उनकी प्रमुख कृतियाँ हैं : **कविता :** 'चक्रव्यूह', 'परिवेश : हम तुम', 'अपने सामने', 'कोई दूसरा नहीं', 'इन दिनों'; **कहानी :** 'आकारों के आस-पास'; **समीक्षा :** 'आज और आज से पहले'; **साक्षात्कार :** 'मेरे साक्षात्कार'। अनेक विदेशी कवियों का हिन्दी में अनुवाद, जिनमें कवाफी तथा बोर्खेस के अनुवाद परिपत्र प्रकाशित। 'आत्मजयी' तथा 'कोई दूसरा नहीं' का इतालवी अनुवाद रोम से प्रकाशित।

सम्मान : 'साहित्य अकादेमी पुरस्कार', 'कुमारन आशान पुरस्कार', 'व्यास सम्मान', 'शतदल पुरस्कार', 'प्रेमचन्द पुरस्कार', 'लोहिया अतिविशिष्ट सम्मान',

‘तुलसी पुरस्कार’, ‘हिन्दुस्तानी अकादमी पुरस्कार’, ‘कबीर सम्मान’ आदि से सम्मानित। अनेक विदेश यात्राएँ तथा वहाँ साहित्यिक सेमिनारों में भागीदारी और काव्यपाठ।

कुँवर नारायण का निधन 15 नवम्बर 1917 को हुआ।

एक वृक्ष की हत्या

●

कुँवर नारायण

अबकी घर लौटा तो देखा वह नहीं था–
वही बूढ़ा चौकीदार वृक्ष
जो हमेशा मिलता था घर के दरवाजे पर तैनात।
पुराने चमड़े का बना उसका शरीर
वही सख़्त जान
झुर्रियोंदार खुरदुरा तना मैला-कुचैला,
राइफ़िल-सी एक सूखी डाल,
एक पगड़ी फूल पत्तीदार,
पाँवों में फटा-पुराना जूता
चरमराता लेकिन अक्खड़ बल-बूता
धूप में बारिश में
गर्मी में सर्दी में
हमेशा चौकन्ना
अपनी ख़ाकी वर्दी में
दूर से ही ललकारता, "कौन?"
मैं जवाब देता, "दोस्त!"
और पल भर को बैठ जाता
उसकी ठण्डी छाँव में
दरअसल, शुरू से ही था हमारे अन्देशों में
कहीं एक जानी दुश्मन
कि घर को बचाना है लुटेरों से

शहर को बचाना है नादिरों से
देश को बचाना है देश के दुश्मनों से
बचाना है–
नदियों को नाला हो जाने से
हवा को धुआँ हो जाने से
खाने को ज़हर हो जाने से :
बचाना है–जंगल को मरुस्थल हो जाने से,
बचाना है–मनुष्य को जंगल हो जाने से।

संचार के लिए हिन्दी

हिन्दी में संचार की मूल बातों का परिचय

परिभाषा

संचार जीवन का प्रतीक है। आदमी के जिन्दा रहने तक संचार प्रक्रिया निरन्तर प्रवाहित होती है। मनुष्य एक सामाजिक प्राणी है और उसे सामाजिक प्राणी के रूप में विकसित करने में उसकी संचार क्षमता की सबसे बड़ी भूमिका होती है। यहाँ तक कि बच्चे भी संचार के बिना नहीं रह सकते। वे रोकर या चिल्लाकर अपनी माँ का ध्यान अपनी ओर खींचते हैं। संचार समाप्त होने का मतलब मृत्यु को प्राप्त करना होता है। प्रकृति में सभी जीव संचार करते हैं लेकिन मनुष्य की संचार करने की क्षमता और कौशल सबसे बेहतर हैं।

सन्देशों के आदान-प्रदान में लगने वाले समय और दूरी को पाटने के लिए ही मनुष्य ने संचार के माध्यमों की खोज की। परिवार और समाज में एक व्यक्ति के रूप में हम अन्य लोगों में संचार के माध्यम से ही सम्बन्ध स्थापित करते हैं और रोजमर्रा की जरूरतें पूरी करते हैं। संचार ही हमें एक-दूसरे से जोड़ता है। सभ्यता के विकास की कहानी संचार और उसके साधनों के विकास की कहानी है। मनुष्य ने चाहे भाषा का विकास किया हो या लिपि का या फिर छपाई का, इसके पीछे मूल इच्छा सन्देशों के आदान-प्रदान की ही थी।

संचार और जनसंचार के विभिन्न माध्यमों—टेलीफोन, इंटरनेट, फैक्स, समाचार-पत्र, रेडियो, टेलीविज़न सिनेमा आदि के द्वारा मनुष्य सन्देशों के आदान-प्रदान में एक-दूसरे के बीच की दूरी और समय को निरन्तर कम करने का प्रयास कर रहा है। इस वजह से आज संचार माध्यमों के विकास से भौगो. लिक दूरियाँ कम हुई हैं तथा सांस्कृतिक और मानसिक दृष्टि से हम एक-दूसरे के करीब आ रहे हैं। भूमण्डलीकरण के इस दौर में आज दुनिया एक गाँव में बदल गयी है और इसका श्रेय संचार माध्यम को जाता है।

पुराने समय में राजा के हरकारे पैदल या घोड़े की सवारी करते हुए राजा के सन्देश एक राजधानी से दूसरी जगहों तक ले जाते थे और वहाँ से लेकर आते थे। यह भी कई कहानियों में सुना होगा कि लोग कबूतरों के ज़रिये अपना सन्देश भेजा करते थे। यही व्यवस्था बाद में एक सरकारी विभाग डाक-विभाग बनाकर सबके लिए सुलभ कर दी गयी थी। अब हर कोई एक निश्चित शुल्क देकर अपना सन्देश एक स्थान से दूसरे स्थान तक आसानी से भेज सकता है। अब तो डाक व्यवस्था में इतने आधुनिक उपकरणों का इस्तेमाल किया जाने लगा है सन्देश तार के ज़रिये पलक झपकते एक स्थान से दूसरे स्थान तक पहुँचा दिया जाता है।

तार जिस मशीन से भेजा जाता है उसका ही विकसित रूप टेलीप्रिंटर कहा जाता है। इसके अलावा फैक्स, ई-मेल के ज़रिये पलक झपकते सूचनाओं का आदान-प्रदान किया जा सकता है। इन उपकरणों के आ जाने से सिर्फ डाक प्रणाली में नहीं बल्कि संचार माध्यमों को सूचनाएँ इकट्ठी करने और प्रसारित करने में भी काफी सुविधा हुई है। इन उपकरणों के बारे में हम पहले पढ़ चुके है।

संचार का मात्र व्यक्ति का अपना हाल-समाचार दूसरों तक पहुँचाने तक सीमित नहीं है। हर व्यक्ति अपने या अपने सम्बन्धियों की सूचनाएँ जानने के अलावा देश-दुनिया की खबरों के बारे में जानने का इच्छुक होता है। उसके आसपास क्या हो रहा है, दुनिया में कहों क्या घटना घट रही है, सबकी जानकारी प्राप्त करना चाहता है। सूचनाओं की इसी भूख के चलते संचार माध्यमों का लगातार विकास और विस्तार होता गया। आज अमेरिका में राष्ट्रपति का चुनाव होता है या ईराक में लड़ाई छिड़ती है तो हर किसी की निगाह उस ओर लगी रहती है कि वहाँ क्या हो रहा होता है। वह हर पल की खबरें जानना चाहता है।

यह संचार की प्रक्रिया का दूसरा चरण है। सफल संचार के लिए यह जरूरी है कि दूसरा व्यक्ति भी उस भाषा यानी कोड से परिचित हो जिसमें आप अपना सन्देश भेज रहे हैं। इसके साथ ही संचारक का एनकोडिंग की प्रक्रिया पर भी पूरा अधिकार होना चाहिए। इसका अर्थ यह हुआ कि सफल संचार के लिए संचारक का भाषा पर पूरा अधिकार होना चाहिए। साथ ही उसे अपने सन्देश के मुताबिक बोलना या लिखना भी आना चाहिए। प्राप्तकर्ता यानी रिसीवर प्राप्त सन्देश का कटवाचन यानी उसकी डीकोडिंग करता है। डीकोडिंग का अर्थ है प्राप्त सन्देश में निहित अर्थ को समझने की कोशिश। यह एक तरह से एनकोडिंग

की उलटी प्रक्रिया है। इसमें सन्देश का प्राप्तकर्ता उन चिह्नों और संकेतों के अर्थ निकालता है। जाहिर है कि संचारक और प्राप्तकर्ता दोनों का उस कोड से परिचित होना जरूरी है।

संचार प्रक्रिया की शुरुआत स्रोत या संचारक से होती है। जब स्रोत या संचारक एक उद्देश्य के साथ अपने किसी विचार, सन्देश या भावना को किसी और तक पहुँचाना चाहता है तो संचार-प्रक्रिया की शुरुआत होती है। सन्देश को किसी माध्यम (चैनल) के जरिये प्राप्तकर्ता तक पहुँचाना होता है। जैसे हमारे बोले हुए शब्द ध्वनि तरंगों के जरिये प्राप्तकर्ता तक पहुँचते हैं, जबकि दृश्य सन्देश प्रकाश तरंगों के जरिये। इसी तरह वायु तरंगों के जरिये भी सन्देश पहुँचते हैं। टेलीफोन, समाचार-पत्र, रेडियो, टेलीविजन, इंटरनेट, फिल्म आदि विभिन्न माध्यमों के जरिये भी सन्देश प्राप्तकर्ता तक पहुँचाया जाता है।

संचार-प्रक्रिया में प्राप्तकर्ता की भी अहम भूमिका होती है, क्योंकि वही सन्देश का आखिरी लक्ष्य होता है। प्राप्तकर्ता कोई भी हो सकता है। वह कोई एक व्यक्ति हो सकता है, एक समूह हो सकता है या कोई संस्था अथवा एक विशाल जनसमूह भी हो सकता है। वह प्रतिक्रिया सकारात्मक या नकारात्मक हो सकती है। संचार-प्रक्रिया में प्राप्तकर्ता की इस प्रतिक्रिया को फीडबैक कहते हैं।

संचार माध्यम की सफलता में फीडबैक की अहम भूमिका होती है। फीडबैक से ही पता चलता है कि संचार-प्रक्रिया में कहीं कोई बाधा तो नहीं आ रही है। इसके अलावा फीडबैक से यह भी पता चलता है कि संचारक ने जिस अर्थ के साथ सन्देश भेजा था वह उसी अर्थ में प्राप्तकर्ता को मिला है या नहीं? इसी फीडबैक के अनुसार ही संचारक अपने सन्देश में सुधार करता है और इस तरह संचार की प्रक्रिया आगे बढ़ती है।

वास्तविक जीवन में संचार प्रक्रिया इतनी सुचारु रूप से नहीं चलती। उसमें कई बाधाएँ भी आती हैं। इन बाधाओं को शोर (नॉयज) कहते हैं। संचार की प्रक्रिया को शोर से बाधा पहुँचती है। यह शोर किसी भी किस्म का हो सकता है। यह मानसिक से लेकर तकनीकी और भौतिक शोर तक हो सकता है। शोर के कारण सन्देश अपने मूल रूप में प्राप्तकर्ता तक नहीं पहुँच पाता। सफल संचार के लिए संचार प्रक्रिया से शोर को हटाना या कम करना बहुत जरूरी है।

यह जनसंचार पाश्चात्यों से प्राप्त आधुनिक माध्यमों के रूप है। समाचार-पत्र हों या रेडियो, टेलीविज़न या इंटरनेट, आदि माध्यम पाश्चात्यों का योगदान है। पाश्चात्य रूप को हमने शुरुआत में अपनाया लेकिन धीरे-धीरे वे हमारी सांस्कृतिक विरासत के अंग बनते चले गये। फिल्में हों या टी.वी. सीरियल, एक

समय के बाद वे भारतीय नाट्य परम्परा से परिचालित होने लगते हैं। इसलिए आज के जनसंचार माध्यमों का रूप पश्चिमी होने पर भी उनकी विषयवस्तु और रंगरूप भारतीय हैं। उसकी भूमिका भी कहीं अधिक बढ़ चली है, इसलिए जहाँ वह शासक वर्ग के लिए राष्ट्र निर्माण की दिशा तय करता है, वहीं जनता की भागीदारी भी यह संचार माध्यम सुनिश्चित करता है। वर्तमान सन्दर्भ में जनसंचार माध्यमों के प्रचलित रूप प्रमुख हैं—समाचारपत्र-पत्रिकाएँ, रेडियो, टेलीविजन, सिनेमा और इंटरनेट। इन माध्यमों के जरिये जो भी सामग्री आज जनता तक पहुँच रही है, राष्ट्र के मानस का निर्माण करने में उसकी महत्त्वपूर्ण भूमिका है।

समाचार-पत्र

जनसंचार की सबसे मजबूत कड़ी पत्र-पत्रिकाएँ या प्रिंट मीडिया ही है। अपने विशाल दर्शक वर्ग और तीव्रता के कारण रेडियो और टेलीविजन की ताकत ज़्यादा मानी जा रही है लेकिन वाणी को शब्दों के रूप में रिकार्ड करने वाला आरम्भिक माध्यम होने की वजह से प्रिंट मीडिया का महत्त्व सदा बना रहेगा। आज प्रिंट, रेडियो, टेलीविजन या इंटरनेट, किसी भी माध्यम से खबरों के संचार को पत्रकारिता कहा जाता है। आरम्भ में केवल प्रिंट माध्यमों के जरिये खबरों के आदान-प्रदान को पत्रकारिता कहा जाता है। इसके तीन पहलू हैं—पहला समाचारों को संकलित करना, दूसरा उन्हें सम्पादित कर छपने लायक बनाना और तीसरा पत्र या पत्रिका के रूप में छापकर पाठक तक पहुँचाना। हालाँकि तीनों ही काम आपस में गहरे जुड़े हैं लेकिन पत्रकारिता के तहत हम पहले दो क़ामों को ही लेते हैं क्योंकि प्रकाशन और वितरण का कार्य तकनीकी और प्रबन्धकीय विभागों के अधीन होते हैं जबकि रिपोर्टिंग और सम्पादन के काम के लिए एक विशेष बौद्धिक और पत्रकारीय कौशल की अपेक्षा होती है।

आजादी के बाद के प्रमुख हिन्दी अखबारों में 'नवभारत टाइम्स', 'जनसत्ता', 'नई दुनिया', 'राजस्थान पत्रिका', 'अमर उजाला', 'दैनिक भास्कर', 'दैनिक जागरण' और पत्रिकाओं में 'धर्मयुग', 'साप्ताहिक हिन्दुस्तान', 'दिनमान', रविवार', 'इंडिया टुडे' और 'आउटलुक' के नाम लिये जा सकते है। इनमें से कई पत्रिकाएँ बन्द हो चुकी हैं। आजादी के बाद के हिन्दी के प्रमुख पत्रकारों में सच्चिदानन्द हीरानन्द वात्स्यायन 'अज्ञेय', रघुवीर सहाय, धर्मवीर भारती, मनोहर श्याम जोशी, राजेन्द्र माथुर, प्रभाष जोशी, सर्वेश्वर दयाल सक्सेना, सुरेन्द्र प्रताप सिंह आदि के नाम लिये जा सकते हैं।

रेडियो

पत्र-पत्रिकाओं के बाद दुनिया को सबसे ज़्यादा प्रभावित करने वाला माध्यम रेडियो है। सन् 1895 में जब इटली के इलेक्ट्रिकल इंजीनियर जी. मार्कोनी ने वायरलेस के ज़रिये ध्वनियों और संकेतों को एक जगह से दूसरी जगह भेजने में कामयाबी हासिल करने के साथ रेडियो जैसा माध्यम अस्तित्व में आया। पहले विश्वयुद्ध तक यह सूचनाओं के आदान-प्रदान का एक महत्त्वपूर्ण औजार बन चुका था। शुरुआती रेडियो स्टेशन 1892 में अमेरिकी शहर पिट्सबर्ग, न्यूयॉर्क और शिकागो में खुले। भारत में भी लगभग इसी समय रेडियो की शुरुआत हुई।

रेडियो एक ध्वनि माध्यम है। इसकी तात्कालिकता, घनिष्ठता और प्रभाव के कारण गांधी जी ने रेडियो को एक अद्भुत शक्ति कहा था। ध्वनि तरंगों के जरिये यह देश के कोने-कोने तक पहुँचता है। दूर-दराज़ के गाँवों में, जहाँ संचार और मनोरंजन के अन्य साधन नहीं होते, वहाँ रेडियो ही एकमात्र साधन है, बाहरी दुनिया से जुड़ने का। फिर अखबार और टेलीविज़न की तुलना में यह बहुत सस्ता भी है। इसलिए भारत के दूरदराज के इलाकों में लोगों ने रेडियो क्लब बना लिये हैं। आकाशवाणी के अलावा सैकड़ों निजी एफ एम स्टेशनों और बीबीसी, वॉयस ऑफ अमेरिका, डोयचे वेले (रेडियो जर्मनी), मॉस्को रेडियो, रेडियो पेइचिंग, रेडियो आस्ट्रेलिया जैसे कई विदेशी प्रसारण और हैम अमेच्योर रेडियो क्लबों (स्वतन्त्र समूह द्वारा संचालित पंजीकृत रेडियो स्टेशन) का जाल बिछा हुआ है।

1997 में आकाशवाणी और दूरदर्शन को केन्द्र सरकार के सीधे नियन्त्रण से निकालकर प्रसार भारती नाम से स्वायत्तशासी निकाय को सौंप दिया गया। असल में, लम्बे अर्से तक सरकारी नियन्त्रण में रहने के कारण रेडियो में आ गयी जड़ता को तोड़ने की पहल 1995 में उच्चतम न्यायालय के एक फैसले ने की। इस फैसले में कहा गया कि ध्वनि तरंगों पर किसी का एकाधिकार नहीं हो सकता और उन्हें मुक्त किया जाना चाहिए। एफ.एम. के साथ देश के 90 शहरों में 500 से अधिक निजी एफएम चैनल हैं। इसके साथ ही सामुदायिक या कम्युनिटी रेडियो केंद्रों के आने से देश में रेडियो की नयी संस्कृति अस्तित्व में आ रही है।

टेलीविज़न

टेलीविज़न जनसंचार का सबसे लोकप्रिय और ताकतवर माध्यम बना हुआ है। प्रिंट मीडिया के शब्द और रेडियो की ध्वनियों के साथ जब टेलीविज़न के दृश्य

मिल जाते हैं तो सूचना की विश्वसनीयता कई गुना बढ़ जाती है। पश्चिमी देशों में रेडियो के विकास के साथ ही टेलीविज़न पर भी प्रयोग शुरू हो गये थे। 1927 में बेल टेलीफोन लेबोरेट्रीज ने न्यूयॉर्क और वाशिंगटन के बीच प्रायोगिक टेलीविज़न कार्यक्रम का प्रसारण किया। 1936 तक बीबीसी ने भी अपनी टेलीविज़न सेवा शुरू कर दी थी।

भारत में टेलीविज़न की शुरुआत यूनेस्को की एक शैक्षिक परियोजना के तहत 15 सितम्बर 1959 को हुई थी। इसका मकसद टेलीविजन के जरिये शिक्षा और सामुदायिक विकास को प्रोत्साहित करना था। 1965 में स्वतन्त्रता दिवस से भारत में विविधता टी.वी. सेवा का आरम्भ हुआ। तब रोज एक घण्टे के लिए टी. वी. कार्यक्रम दिखाया जाने लगा। 1975 तक दिल्ली, मुम्बई, श्रीनगर, अमृतसर, कोलकाता, मद्रास और लखनऊ में टी.वी. सेंटर खुल गये। लेकिन 1976 तक टी.वी. सेवा आकाशवाणी का हिस्सा थी। 1 अप्रैल 1976 से इसे अलग कर दिया गया। इसे दूरदर्शन नाम दिया गया। 1984 में इसकी रजत जयन्ती मनायी गयी। अब देश भर में कई सरकारी और निजी टी.वी. चैनल समाचार प्रचार-प्रसार और मनोरंजन का कार्यक्रम प्रसारित कर रहे हैं।

सिनेमा

वर्तमान समय में सिनेमा जनसंचार का सबसे लोकप्रिय और प्रभावशाली माध्यम बन गया है। यह जनसंचार के अन्य माध्यमों की तरह सीधे तौर पर सूचना देने का काम नहीं करता लेकिन परोक्ष रूप में सूचना, ज्ञान और सन्देश देने की जिम्मेदारी बखूबी निभाता है। सिनेमा को मनोरंजन के एक सशक्त माध्यम के रूप में माना जाता है। सिनेमा के आविष्कार का श्रेय थॉमस अल्वा एडिसन को जाता है और यह 1883 में कैनेटोस्कोप की खोज के साथ जुड़ा हुआ है। Lumcire Brothers 1894 में फ्रांस में पहली फिल्म बनी 'द अराइवल ऑफ ट्रेन'। सिनेमा की तकनीक में तेजी से विकास हुआ और जल्दी ही यूरोप और अमेरिका में कई अच्छी फिल्में बनने लगीं।

भारत में पहली मूक फिल्म बनाने का श्रेय दादा साहेब फाल्के को जाता है। यह फिल्म थी 1913 में बनी- 'राजा हरिश्चन्द्र'। इसके बाद के दो दशकों में कई और मूक फिल्में बनीं। इनके कथानक धर्म, इतिहास और लोक गाथाओं के इर्द-गिर्द बुने जाते रहे। 1931 में पहली बोलती फिल्म बनी–'आलम आरा'।

इसके बाद बोलती फिल्मों का दौर शुरू हुआ। आजादी के बाद जहाँ एक तरफ भारतीय सिनेमा ने देश के सामाजिक यथार्थ को गहराई से पकड़कर आवाज देने की कोशिश की, वहीं लोकप्रिय सिनेमा ने व्यावसायिकता का रास्ता अपनाया। एक तरफ पृथ्वीराज कपूर, महबूब खान, सोहराब मोदी, गुरुदत्त जैसे फिल्मकार थे, तो दूसरी तरफ सत्यजीत रे जैसे फिल्मकार।

सत्तर के दशक तक सिनेमा के मूल में प्रेम, फंतासी और एक कभी न हारने वाले सुपर नेचुरल हीरो की परिकल्पना रही। कहानियों में कुछ-न-कुछ सन्देश देने की भी कोशिश हुई लेकिन बहुत ही अव्यावहारिक तरीके से। सत्तर और अस्सी के दशक में कुछ फिल्मकारों ने महसूस किया कि सिनेमा जैसे सशक्त संचार माध्यम का इस्तेमाल आम लोगों में चेतना फैलाने, उसे व्यावहारिक जीवन की समस्याओं से जोड़ने और अन्याय के खिलाफ एक कलात्मक अभिव्यक्ति के तौर पर किया जाये।

सत्यजीत रे ने पचास के दशक में ही 'पथेर पांचाली' बनाकर इसकी शुरुआत कर दी थी लेकिन समानान्तर सिनेमा ने एक आन्दोलन की शक्ल ली-साठ के दशक के आखिरी वर्षों और सत्तर के दशक में। यह आन्दोलन अस्सी के दशक में भी जारी रहा। इस धारा में सत्यजीत रे के अलावा श्याम बेनेगल, मृणाल सेन, ऋत्विक घटक, अडूर गोपालकृष्णन, एम.एस. सथ्यू, गोविन्द निहलानी जैसे फिल्मकार शामिल हुए।

भारतीय सिनेमा में पारिवारिक फिल्मों की भी एक धारा लगातार चलती रही है। हलके-फुलके सदस्य और एक आम आदमी के परिवार की खट्टी-मीठी कहानी पर बनी इन साफ-सुथरी फिल्मों को खूब पसन्द किया गया। लोकप्रिय और पारिवारिक फिल्मों की पहुँच गाँव और शहर के साधारण दर्शकों तक रहती आयी है। इस तरह की फिल्मों में दर्शकों को बाँधने वाला कथानक, रोजमर्रा की समस्याएँ, मधुर संगीत, पारम्परिक नृत्य और संस्कृति के कई आयाम दिखाई देते हैं। इस धारा के फिल्मकारों में राज कपूर, गुरुदत्त, बिमल राय, ऋषिकेश मुखर्जी, बासु चटर्जी जैसे कई नाम हैं।

इंटरनेट

इंटरनेट जनसंचार का सबसे नया लेकिन तेजी से लोकप्रिय हो रहा माध्यम है। एक ऐसा माध्यम जिसमें प्रिंट मीडिया, रेडियो, टेलीविजन, किताब, सिनेमा यहाँ

तक कि पुस्तकालय के सारे गुण मौजूद हैं। उसकी पहुँच दुनिया के कोने-कोने तक है और उसकी रफ्तार का कोई जवाब नहीं है। उसमें सारे माध्यमों का समागम है। इंटरनेट पर आप दुनिया के किसी भी कोने से छपने वाले अखबार या पत्रिका में छपी सामग्री पढ़ सकते हैं। रेडियो सुन सकते हैं। सिनेमा देख सकते हैं। किताब पढ़ सकते हैं और विश्वव्यापी जाल के भीतर जमा करोड़ों पन्नों में से पलभर में अपने मतलब की सामग्री खोज सकते हैं।

यह एक अन्तःक्रियात्मक माध्यम है यानी आप इसमें मूक दर्शक नहीं हैं। आप सवाल-जवाब, बहस-मुबाहिसों में भाग लेते हैं, आप चैट कर सकते हैं और मन हो तो अपना ब्लाग बनाकर पत्रकारिता की किसी बहस के सूत्रधार बन सकते हैं। इंटरनेट ने हमें मीडिया समागम यानी कनवर्जेंस के युग में पहुँचा दिया है और संचार की नयी सम्भावनाएँ जगा दी हैं। हर माध्यम में कुछ गुण और कुछ अवगुण होते हैं। इंटरनेट ने जहाँ पढ़ने-लिखने वालों के लिए, शोधकर्ताओं के लिए सम्भावनाओं के नए कपाट खोले हैं, हमें विश्वग्राम का सदस्य बना दिया है, वहीं इसमें कुछ खामियाँ भी हैं। पहली खामी तो यही है कि उसमें लाखों अश्लील पन्ने भर दिये गये हैं जिसका बच्चों के कोमल मन पर बुरा असर पड़ सकता है। दूसरी खामी यह है कि इसका दुरुपयोग किया जा सकता है। हाल के वर्षों में इंटरनेट के दुरुपयोग की कई घटनाएँ सामने आयी हैं।

संचार की भाषा के रूप में हिन्दी की अवधारणाओं का परिचय

जनसंचार के सभी माध्यमों में हिन्दी ने मजबूत पकड़ बना ली है। चाहे वह हिन्दी के समाचार-पत्र हो, रेडियो हो, दूरदर्शन हो, हिन्दी सिनेमा हो, या विज्ञापन हो–सर्वत्र हिन्दी छायी हुई है। वर्तमान समय में हिन्दी को वैश्विक सन्दर्भ प्रदान करने में उसके बोलने वालों की संख्या, हिन्दी फ़िल्में, पत्र-पत्रिकाएँ, विभिन्न हिन्दी चैनल, विज्ञापन एजेंसियाँ, हिन्दी का विश्वस्तरीय साहित्य तथा साहित्यकार आदि का विशेष योगदान है। इसके अतिरिक्त हिन्दी को विश्वभाषा बनाने में इंटरनेट की भूमिका भी अत्यन्त महत्त्वपूर्ण है।

आज हिन्दी अभिव्यक्ति का सब से सशक्त माध्यम बन गयी है। हिन्दी चैनलों की संख्या लगातार बढ़ रही है। बाज़ार की स्पर्धा के कारण ही सही, अंग्रेज़ी चैनलों का हिन्दी में रूपान्तरण हो रहा है। इस समय हिन्दी में भी एक लाख से ज्यादा ब्लॉग सक्रिय हैं। अब सैकड़ों पत्र-पत्रिकाएँ इन्टरनेट पर उपलब्ध हैं।

हिन्दी के वैश्विक स्वरूप को संचार माध्यमों में भी देखा जा सकता है। संचार माध्यमों ने हिन्दी के वैश्विक रूप को गढ़ने में पर्याप्त योगदान दिया है। भाषाएँ संस्कृति की वाहक होती हैं और संचार माध्यमों पर प्रसारित कार्यक्रमों से समाज के बदलते सच को हिन्दी के बहाने ही उजागर किया गया। डिजिटल दुनिया में हिन्दी की माँग अंग्रेज़ी की तुलना में पाँच गुना ज्यादा तेज है। अंग्रेज़ी की तुलना में हिन्दी 5 गुना तेजी से बढ़ रही है। भारत में हर पाँचवा इंटरनेट प्रयोगकर्ता हिन्दी का उपयोग करता है। देश में जहाँ हिन्दी सामग्री की डिजिटल मीडिया में खपत 94 फीसद की दर से बढ़ी है, वही अंग्रेज़ी सामग्री की खपत केवल 19 फीसद की दर से ही बढ़ी है।

आज स्मार्टफोन के रूप में हर हाथ में एक तकनीकी डिवाइस मौजूद है और उसमें हिन्दी। सभी ऑपरेटिंग सिस्टमों में हिन्दी में सन्देश भेजना, हिन्दी की सामग्री को पढ़ना, सुनना या देखना लगभग उतना ही आसान है जितना अंग्रेज़ी की सामग्री

को। हालाँकि कम्प्यूटरों पर भी हिन्दी का व्यापक प्रयोग हो रहा है और इंटरनेट पर भी, लेकिन मोबाइल ने हिन्दी के प्रयोग को अचानक जो गति दे दी है उसकी कल्पना अभी पाँच साल पहले तक किसी ने नहीं की थी। इंटरनेट पर भारतीय भाषाओं की सामग्री की वृद्धि दर प्रभावशाली है। अंग्रेज़ी के 19 फीसद सालाना के मुकाबले भारतीय भाषाओं की सामग्री 90 फीसद की रफ्तार से बढ़ रही है।

दूसरी ओर भारतीयों में हिन्दी के प्रति रुझान बढ़ा है। भारत में 50 करोड़ से ज्यादा लोग हिन्दी बोलते हैं, जबकि करीब 21 प्रतिशत भारतीय हिन्दी में इंटरनेट का प्रयोग करना चाहते हैं। भारतीय युवाओं के स्मार्टफोन में औसतन 32 ऐप होते हैं, जिसमें 8-9 हिन्दी के होते हैं। भारतीय युवा यूट्यूब पर 93 फीसद हिन्दी वीडियो देखते हैं।

व्यक्तित्व विकास के लिए संचार

क्या आपने कभी गौर किया है कि जब कोई व्यक्ति किसी कमरे में प्रवेश करता है, तब कुछ लोग अधिक ध्यान आकर्षित करते हैं और आप कम ध्यान आकर्षित करते हैं? ऐसा आपके रूप या प्रसिद्धि के कारण नहीं होता, बल्कि आपकी उपस्थिति के चुंबकीय आभा के कारण होता है। उनका रहस्य क्या है? यह है प्रभावी संचार कौशल! यह कौशल व्यक्तित्व विकास के लिए महत्त्वपूर्ण है। यदि आप उन लोगों की तरह बनना चाहते हैं जो जहाँ भी जाते हैं, अपनी अमिट छाप छोड़ते हैं, तो आप अपने संचार कौशल में सुधार कर सकते हैं, यह आपके समग्र व्यक्तित्व को प्रभावित करता है।

व्यक्तित्व विकास में संचार कौशल की भूमिका

कभी-कभी हम चाहते हैं कि हमारे कुछ कहे बिना ही लोग समझ जायें कि हम क्या महसूस कर रहे हैं और ऐसा क्यों कर रहे हैं तथा वे हमारे अशाब्दिक संकेतों को समझने का प्रयास करें, लेकिन मामला हमेशा एक जैसा नहीं होता।

आप अपनी भावनाओं को व्यक्त करने के लिए थोड़ा समय निकालकर स्वयं को अनावश्यक संघर्ष से बचा सकते हैं तथा अपने प्रियजनों के साथ मजबूत सम्बन्ध बना सकते हैं।

व्यक्तित्व विकास में संचार कौशल की भूमिकाएँ हैं:

- **मज़बूत सम्बन्ध बनाने में मदद करता है**

संचार मानव अस्तित्व का एक महत्त्वपूर्ण हिस्सा है क्योंकि यह हमें रिश्ते बनाने और बनाये रखने, विचारों, विचारों और भावनाओं का आदान-प्रदान करने और दूसरों से जुड़ाव महसूस करने की अनुमति देता है। प्रभावी संचार व्यक्तिगत विकास और तेजी से निर्णय लेने को बढ़ावा देता है और आपको अपनी रचनात्मकता को पूरी

तरह से तलाशने की अनुमति देता है। यह आपको नयी प्रतिभाएँ सीखने और समाज में योगदान करने में भी मदद करता है।

- **समस्या को सुलझाना**

किसी व्यक्ति को कई कारणों से प्रभावी संचार की आवश्यकता होती है, जिसमें समस्या-समाधान भी शामिल है। यह लोगों को चुनौतियों के सम्भावित समाधानों पर अपने विचार और सुझाव व्यक्त करने की अनुमति देकर एक सहयोगी वातावरण को बढ़ावा देता है। इसके अतिरिक्त, यह उन कर्मचारियों की मदद करता है जो काम पर देर से आते हैं या अनुपस्थित रहते हैं क्योंकि वे दूसरों को अपनी स्थिति के बारे में सचेत कर सकते हैं, जिससे उन्हें अपने कर्तव्यों को सम्भालने और अपने दिन के बाकी कामों को आगे बढ़ाने में मदद मिलती है। कुल मिलाकर, एक अच्छा कॉर्पोरेट वातावरण उत्कृष्ट संचार पर निर्भर करता है।

- **सुनने के कौशल का विकास**

सुनना व्यक्तिगत और व्यावसायिक जीवन दोनों में एक महत्त्वपूर्ण क्षमता है क्योंकि यह वक्ता के शब्दों में चिन्ता और ध्यान प्रदर्शित करता है। खराब सुनने से वक्ता को महत्त्वहीन या कमतर महसूस हो सकता है, जिससे अच्छी बातचीत सीमित हो सकती है। सुनने में न केवल शब्दों पर बल्कि शरीर की भाषा, आवाज़ के लहज़े और चेहरे की भावनाओं पर भी ध्यान देना शामिल है। यह गहन समझ व्यक्तियों को यह महसूस कराती है कि उनकी बात सुनी और समझी जा रही है, जिसके परिणामस्वरूप उनके बीच एक बेहतर बन्धन बनता है। सुनने में न केवल शब्दों को सुनना बल्कि वक्ता को समझना और उसकी सराहना करना भी शामिल है।

- **आपको अधिक आत्मविश्वासी बनाता है**

किसी भी रिश्ते में संचार और व्यक्तित्व विकास आवश्यक है क्योंकि वे विश्वास, समझ और करुणा को बढ़ाते हैं। अपनी राय सुनना और व्यक्त करना दूसरों के लिए चिन्ता प्रदर्शित करता है, उन्हें मूल्यवान और सराहनीय महसूस कराता है, जो आपके आत्मसम्मान को बढ़ाता है। यह आपके जीवन की गुणवत्ता को बढ़ाता है और उन्हें चीज़ों को नये तरीकों से समझने में मदद करता है। किसी के गुस्से या असन्तोष को समझना कहानी का एक अलग पहलू प्रदान कर सकता है। भावनाओं को मान्य करना और उनसे सहमत होना सहयोगियों के बीच विश्वास विकसित

करता है। जब कोई अपने विचारों को सम्प्रेषित करता है और प्रतिक्रिया माँगता है, तो वे विश्वास और समझ स्थापित कर रहे होते हैं, जो संचार और व्यक्तित्व विकास का एक उदाहरण है।

- **एक बेहतर नेतृत्वकर्ता तैयार करें**

एक नेतृत्वकर्ता के रूप में विकसित होने के लिए प्रभावी संचार कौशल आवश्यक हैं। नेतृत्व की स्थिति आपके ज्ञान को साझा करने और तथ्यों पर ध्यान केन्द्रित करने से शुरू होती है। तनावग्रस्त होने से बचने के लिए, अनावश्यक जानकारी को अधिक साझा करने से बचें। टीम संचार में, सभी को यह महसूस कराना महत्त्वपूर्ण है कि उनकी बात सुनी जा रही है और उनका सम्मान किया जा रहा है। हालाँकि लोगों को समायोजित होने में कुछ समय लग सकता है, लेकिन यह लम्बे समय में फ़ायदेमन्द होगा क्योंकि जब उन्हें पता चलेगा कि उनकी आवाज़ सुनी जा रही है तो वे अपनी चिन्ताओं को साझा करने में अधिक सहज महसूस करेंगे।

प्रतियोगी परीक्षाओं के लिए हिन्दी

प्रतिस्पर्धी परीक्षाओं में हिन्दी का महत्त्व

हिन्दी भारत की आधिकारिक भाषा है और सरकारी और प्रशासनिक सेवाओं में व्यापक रूप से उपयोग की जाती है। कई परीक्षाओं में उम्मीदवारों के हिन्दी में काबिलियत का परीक्षण किया जाता है ताकि वे भाषा में प्रभावी रूप से संवाद कर सकें। हिन्दी प्रतिस्पर्धी परीक्षाओं के विभिन्न पहलू में महत्त्वपूर्ण है, जैसे–

यू.पी.एस.सी. सिविल सेवा परीक्षा : यू.पी.एस.सी. परीक्षा में हिन्दी एक अनिवार्य पेपर है और उम्मीदवारों को न्यूनतम 30% अंक प्राप्त करने होते हैं।

एस.एस.सी. परीक्षा : एस.एस.सी. परीक्षाओं में हिन्दी भाषा का भाग होता है और सरकारी नौकरियों के लिए योग्यता हासिल करने के लिए उम्मीदवारों को अच्छे अंक प्राप्त करने होते हैं।

बैंकिंग परीक्षाएँ (आई.बी.पी.एस., एस.बी.आई., आर.बी.आई.) : बैंकिंग परीक्षाओं में हिन्दी भाषा का भाग होता है और उम्मीदवारों को बैंकिंग नौकरियों के लिए योग्यता हासिल करने के लिए अच्छे अंक प्राप्त करने होते हैं।

रेलवे परीक्षाएँ : रेलवे परीक्षाओं में हिन्दी भाषा का भाग होता है और रेलवे नौकरियों के लिए योग्यता हासिल करने के लिए उम्मीदवारों को अच्छे अंक प्राप्त करने होते हैं।

राजभाषा अधिकारी : राजभाषा अधिकारी हर केंद्र सरकारी कार्यालयों में है। इस पद के लिए हिन्दी की जानकारी जरूरी है।

हिन्दी अनुवादक : हिन्दी अनुवादक केंद्र सरकारी कार्यालयों में है। इसके साथ ही किताब, वेबसाइट, विज्ञापन, भाषण, पत्र आदि के अनुवाद में नौकरी के मौके हैं।

राज्य सरकारी परीक्षाएँ : कई राज्य सरकारी परीक्षाओं में हिन्दी भाषा का

भाग होता है और राज्य सरकारी नौकरियों के लिए योग्यता हासिल करने के लिए उम्मीदवारों को अच्छे अंक प्राप्त करने होते हैं।

प्रतिस्पर्धी परीक्षाओं के लिए हिन्दी की तैयारी के लिए युक्तियाँ–

व्याकरण : व्याकरण नियमों पर ध्यान केन्द्रित करें, जैसे–

- क्रिया की वचन विशेषता
- काल (वर्तमान, भूतकाल, भविष्यकाल)
- वाक्य संरचना (सरल, संयुक्त, विशिष्ट)
- मुहावरे और वाक्यांश

शब्दावली : नये शब्द सीखकर मजबूत शब्दावली बनायें :

- समानार्थक शब्द
- विलोम शब्द
- हिन्दी मुहावरे और वाक्यांश

पठन समझ : हिन्दी पाठों को पढ़ने और समझने का अभ्यास करें, जैसे :

- समाचार लेख
- सम्पादकीय
- कहानियाँ
- कविताएँ

लेखन कौशल : अपने लेखन कौशल को सुधारें और अभ्यास करें :

- निबन्ध लेखन
- पत्र लेखन
- संक्षेप लेखन
- अनुवाद (अंग्रेज़ी से हिन्दी में)

अभ्यास : हिन्दी के प्रश्न और मॉक टेस्टों का अभ्यास करें :

- आपकी गति और सटीकता में सुधार हो
- हिन्दी सुधारने के लिए संसाधन ज़्यादा से ज़्यादा पढ़ें

पाठ्यपुस्तकें : मानक पाठ्यपुस्तकों का उपयोग करें, जैसे :

- हिन्दी व्याकरण-हिन्दी प्रचार सभा द्वारा
- हिन्दी रचना-एनसीईआरटी द्वारा

ऑनलाइन संसाधन : वेबसाइटें जैसे :

प्रतिस्पर्धी परीक्षा पोर्टल (जैसे यू.पी.एस.सी., एस.एस.सी., आई.बी.पी.एस.)
ऑनलाइन हिन्दी सीखने के प्लेटफॉर्म (जैसे Duolingo, Babbel)

कोचिंग संस्थान : हिन्दी भाषा प्रशिक्षण प्रदान करने वाले कोचिंग संस्थानों में शामिल हों, जैसे :

- हिन्दी प्रचार सभा
- एनसीईआरटी
- निजी कोचिंग संस्थान

भाषा सीखने के ऐप्स : Duolingo, Babbel जैसे ऐप्स का उपयोग करें, साथ ही हिन्दी सीखने के ऐप्स (जैसे Hindi Learning, Hindi Tutor) का भी उपयोग करें।

निष्कर्ष

हिन्दी भारत में प्रतिस्पर्धी परीक्षाओं के लिए एक महत्त्वपूर्ण भाषा है। व्याकरण, शब्दावली, पठन समझ, लेखन कौशल और संसाधनों के साथ अभ्यास करके आप अपनी हिन्दी भाषा के कौशल में सुधार कर सकते हैं और प्रतिस्पर्धी परीक्षाओं में उत्कृष्टता प्राप्त कर सकते हैं। नियमित अभ्यास करें और सफलता प्राप्त करने के लिए विशेषज्ञों से मार्गदर्शन लें।

सी.वी. बनाने का परिचय, बायोडाटा

परिभाषा

स्ववृत्त लेखन से अभिप्राय अपने विवरण से है। यह एक बना बनाया प्रारूप होता है जिसे विज्ञापन के प्रत्युत्तर में आवेदन पत्र के साथ भेजा जाता है। स्ववृत्त (Resume) का तात्पर्य है अपना वृत्त लिखना या अपना वृत्तान्त कहना। वृत्तान्त का एक अन्य अर्थ अपनी आपबीती भी होता हैं, किन्तु स्वयं अपने बारे में संक्षिप्त रूप से आवश्यक सूचना प्रदान करना ही स्ववृत्त लेखन कहलाता हैं। अंग्रेज़ी में इसे Biodata, Resume कहते हैं। स्ववृत्त का तात्पर्य आत्म विज्ञापन या आत्म प्रशंसा कदापि नहीं हैं। यह Resume किसी आजीविका प्राप्ति के सन्दर्भ में लिखा जाता हैं। इस पत्र में व्यक्ति पद से सम्बन्धित अपनी योग्यताओं, कार्यानुभव, उपलब्धियों को प्रस्तुत करता है और स्ववृत्त व्यक्ति के वैशिष्ट्य का परिचायक भी होता है। आजकल जीविकोपार्जन के अतिरिक्त भी कुछ अन्य उद्देश्यों के लिए स्ववृत्त लेखन किया जाता है। जैसे विवाह आदि हेतु लड़के लड़की की स्ववृत लेखन, अन्य विशिष्ट कार्य करने के लिए योग्यता, अनुभव सम्बन्धी स्ववृत्त लेखन आदि।

वस्तुतः प्रत्येक कार्य के लिए Resume की रूपरेखा और रचना भिन्न प्रकार की होती हैं। यथा नौकरी के लिए जहाँ शैक्षणिक योग्यता और व्यावहारिक अनुभव के बारे में विस्तृत जानकारी देना आवश्यक होता हैं, क्योंकि नौकरी देने वाले को आपके कार्य कौशल और योग्यता का मूल्यांकन करना होता है। नौकरी में सफलता के लिए योग्यता और व्यक्ति के साथ-साथ स्ववृत्त निर्माण की कला में निपुणता भी आवश्यक है।

विवाह आदि के लिए शैक्षणिक योग्यता की विस्तृत जानकारी देने की जरूरत नहीं होती बल्कि परिवार के अन्य सदस्यों के बारे में जानकारी देना

महत्त्वपूर्ण होता है। क्योंकि विवाह जैसे सम्बन्धों के लिए परिवार की पृष्ठभूमि और अन्य रिश्तेदारों के बारे में जानकारी प्राप्त करना होता है। फोटोग्राफ के मामले में भी जहाँ नौकरी के लिए आवक्ष चित्र लगाकर भी काम चलाया जा सकता हैं, किन्तु विवाह के लिए पूरे फोटो की आवश्यकता होती हैं, ताकि वे आपकी तस्वीर से भी प्रथम दृष्टया आपके बारे में अन्दाजा लगा सके।

स्ववृत्त का आकार अति संक्षिप्त अथवा जरूरत से ज्यादा लम्बा नहीं होना चाहिए। स्ववृत्त साफ-सुथरे ढंग से टंकित या कंप्यूटर मुद्रित अथवा सुन्दर-लेखन में होना चाहिए। स्ववृत्त में सूचनाओं को अनुशासित क्रम में लिखना चाहिए तथा व्यक्तिगत परिचय, शैक्षणिक योग्यता, अनुभव, प्रशिक्षण, उपलब्धियाँ, कार्येत्तर गतिविधियां इत्यादि विस्तृत ब्यौरा होना चाहिए। परिचय में शैक्षणिक योग्यता में विद्यालय का नाम, बोर्ड या विश्वविद्यालय का नाम, परीक्षा का वर्ष, प्राप्तांक, प्रतिशत तथा श्रेणी का उल्लेख करना चाहिए।

विवाह विज्ञापन सम्बन्धी स्ववृत्त-1

स्ववृत्त

1. नाम	:	सुश्री सुशीला कुमारी
2. जन्म दिनांक	:	25 मार्च, 1999
3. पिता का नाम	:	महेश कुमार गौड
4. माता का नाम	:	मायाश्री
5. परिवार	:	एक भाई-शशिधर गौड एक बहन-सहना कुमारी
6. जाति	:	गौड़ (वक्कलिग)
7. राष्ट्रीयता	:	भारतीय
8. व्यक्तित्व	:	सुन्दर, सुशील, रंग गोरा, मिलनसार
9. सम्पर्क के लिए पता	:	सुश्री सुशीला कुमारी, श्री महेश कुमार गौड़ 87, 3-2, महाविद्यालय मार्ग हासन, कर्नाटक-573237
10. टलीफोन संख्या	:	0004829900
11. ई-मेल पता	:	susheela@gmail.com
12. शैक्षित योग्यता	:	एम.कॉम. प्रथम रैंक
13. नौकरी	:	भारतीय स्टेट बैंक में अधिकारी

14. पैतृक स्थान : हासन
15. अन्य : सांस्कृतिक और साहित्यिक गतिविधियों में रुचि

स्थान : हासन
दिनांक : 20-3-2019

हस्ताक्षर

नौकरी सम्बन्धी स्ववृत्त–2

रामकृष्ण महाविद्यालय, कुवेंपुनगर, मैसूर में हिन्दी विषय के अध्यापक का पद रिक्त है। विज्ञापन के अनुसार अपनी योग्यता का विवरण प्रस्तुत करते हुए प्राचार्य को एक स्ववृत्त लिखिए।

प्रेषक,

सुरेश कुमार
शिवनगर,
मंगलुरु-39

सेवा में,

प्राचार्य
रामकृष्ण महाविद्यालय
कुवेंपुनगर, मैसूर-53

विषय : हिन्दी प्राध्यापक पद के लिए स्ववृत्त पत्र।

महोदय,

मैं सुरेश कुमार विगत कुछ वर्षों से कर्नाटक सरकार के एक महाविद्यालय में संविदा हिन्दी अध्यापक के रूप में काम कर रहा हूँ। मुझे ज्ञात हुआ रामकृष्ण महाविद्यालय में हिन्दी अध्यापक का पद रिक्त है।

मैं इस पद के लिए उचित योग्यता रखता हूँ। यह मेरे घर से निकट भी है। अतः श्रीमान से निवेदन करना चाहता हूँ कि मुझे रामकृष्ण महाविद्यालय, कुवेंपुनगर, मैसूरु में बतौर हिन्दी प्रवक्ता के पद पर नियुक्त करने की कृपा करें।

मेरी शैक्षिक योग्यता और अनुभव इस प्रकार है–

नाम : सुरेश कुमार
पिता का नाम : राजेन्द्र पुजारी
जन्म तिथि : 17 अगस्त 1978

स्थायी पता : 43, गली नं. 9, शिवननगर, मंगलुरु
शिक्षा : हिन्दी में प्रथम श्रेणी में स्नातकोत्तर उपाधि
अनुभव : विश्वविद्यालय कालेज में दो वर्ष तक हिन्दी पढ़ाने का अनुभव।
अतिरिक्त योग्यता : टंकण तथा आशुलिपि में डिप्लोमा; कम्प्यूटर में डिप्लोमा

सधन्यवाद,

स्थान :
दिनांक :

भवदीय

(सुरेश कुमार)

साक्षात्कार : सिद्धान्त और व्यवहार

परिभाषा

साक्षात्कार का तात्पर्य उस विधि से है जिसमें साक्षात्कारकर्ता सम्बन्धित लोगों से व्यक्तिगत रूप से मिलकर और उनसे प्रश्न पूछकर एवं उनसे उत्तर प्राप्त करके किसी विषय पर वास्तविक जानकारी प्राप्त करने का प्रयत्न करते हैं। इस प्रणाली में आपसी बातचीत एवं आमने-सामने के सम्बन्ध के आधार पर मनुष्यों की भावनाओं, मनोवृत्तियों मूल्यों आदि के बारे में बहुत कुछ ज्ञात किया जाता है। इसी कारण सामाजिक अनुसन्धान में इस पद्धति का निरन्तर महत्त्व बढ़ता जा रहा है। साक्षात्कार एक निश्चित उद्देश्य की पूर्ति के लिए आयोजित विचारों का आदान-प्रदान है। साक्षात्कार चयन का प्रमुख साधन है। साक्षात्कार की तकनीक मे साक्षात्कार लेने वाला तथा आवेदक आमने-सामने बैठकर मौखिक करते हैं। साक्षात्कार मे अनुसन्धानकर्ता और सूचनादाता के बीच आमने-सामने के सम्बन्ध प्रत्यक्ष रूप से स्थापित होते हैं। इस पद्धति के द्वारा अनुसन्धान के लिए अनुसन्धानकर्ता और सूचनादाता के बीच व्यक्तिगत सम्पर्क का होना अनिवार्य हैं। साक्षात्कार सामाजिक अनुसन्धान की एक पद्धति है। साक्षात्कार पद्धति द्वारा सामाजिक जीवन और सामाजिक घटनाओं के बारे मे जानकारी प्राप्त की जाती है।

साक्षात्कार की विशेषताएँ

1. दो या दो से अधिक व्यक्ति (Two or more persons) : इसमें दो या दो से अधिक व्यक्ति आमने-सामने होकर बातचीत संवाद या उत्तर प्रति उत्तर में भाग लेते हैं।

2. प्राथमिक सम्बन्ध (Primary relation) : आमने-सामने के प्राथमिक सम्बन्धों द्वारा ही साक्षात्कार में भाग लिया जाता है।

3. विशिष्ट विषय (Specific topic) : साक्षात्कार की प्रक्रिया में किसी विशिष्ट विषय पर बातचीत या वार्तालाप से जानकारी हासिल की जाती है।

4. सामग्री संकलन (Collection of Data)–इस पद्धति की अन्तिम विशेषता सामाजिक अनुसन्धान के लिए सामग्री का संकलन करना होता है।

साक्षात्कार के उद्देश्य

1. व्यक्तिगत सूचनाएँ : साक्षात्कार प्रणाली में व्यक्तिगत सम्पर्क स्थापित किये जाते हैं। और एक दूसरे के विचारों और भावनाओं में को जानने का प्रयास किया जाता है। इस प्रकार इस प्रणाली के माध्यम से सरलता और सुविधा के साथ व्यक्तिगत सूचनाऐं एकत्रित की जा सकती है।

2. प्रत्यक्ष सम्पर्क : इसका दूसरा उद्देश्य सूचनादाता और अनुसन्धानकर्ता के बीच आमने- सामने के प्रत्यक्ष, घनिष्ठ और व्यक्तिगत सम्बन्ध स्थापित करना है ताकि अधिक विश्वसनीय सूचनाएँ प्राप्त की जा सकें।

3. अवलोकन : साक्षात्कारी प्रणाली में अनुसन्धानकर्ता सम्पर्क स्थापित करने के लिए क्षेत्र में आता है। इस प्रकार सामाजिक घटनाओं का अवलोकन भी आसानी से कर सकता है।

4. समस्याओं के विभिन्न पहलुओं की जानकारी : इस प्रणाली में सामाजिक अनुसन्धानकर्ता किसी सामाजिक समस्या के बारे में अनेक प्रकार के व्यक्तियों से सम्पर्क स्थापित करता है और खुलकर बातचीत करता है, इससे उस सामाजिक समस्या के विभिन्न पहलुओं के बारे में अधिक जानकारी प्राप्त की जा सकती है।

5. उपकल्पना निर्माण : साक्षात्कार से सामाजिक जीवन, सामाजिक घटनाओं और सामाजिक समस्याओं के बारे में विविध प्रकार की जानकारी प्राप्त होती है। इन सूचनाओं के आधार पर सामाजिक अनुसन्धान के लिए नवीन उपकल्पनाओं के निर्माण में सहायता मिलती है।

साक्षात्कार के प्रकार

1. औपचारिक साक्षात्कार : इस साक्षात्कार मे अनुसन्धानकर्ता सूचनादाता से मात्र औपचारिक सम्बन्ध स्थापित करके सिर्फ वे ही प्रश्न पूछता है, जो अनुसूची मे उल्लिखित रहते हैं। अनुसूची से बाहर वह किसी भी प्रकार के प्रश्न नही पूछता है। इसमें अनुसन्धानकर्ता अनुसूची से नियन्त्रण रहता है।

उसको अनुसूची के प्रश्न, भाषा आदि के परिवर्तन में किसी प्रकार की स्वतन्त्रता नही रहती हैं।

2. अनौपचारिक साक्षात्कार : यह साक्षात्कार मात्र अनौपचारिक से निर्वाह के लिए ही नही किया जाता हैं। इसमें अनुसन्धानकर्ता पर किसी भी प्रकार का नियन्त्रण नहीं रहता हैं। वह अपनी इच्छा के अनुसार अनुसन्धान के प्रश्नों के क्रमों में संशोधन और परिवर्तन कर सकता हैं। इसके साथ ही वह सूचनादाताओं से नये प्रश्न पूछ सकता है।

3. व्यक्तिगत साक्षात्कार : इस प्रकार के साक्षात्कार में केवल दो ही व्यक्ति होते हैं। एक साक्षात्कारकर्ता तथा दूसरा साक्षात्कारदाता। इसमें साक्षात्कारकर्ता प्रश्न पूछता जाता है तथा साक्षात्कारदाता प्रश्न का उत्तर देता जाता हैं।

4. सामूहिक साक्षात्कार : इस प्रकार के साक्षात्कार में दो या दो से अधिक साक्षात्कारकर्त्ता और अनेक साक्षात्कारदाताओं से समस्या से सम्बन्धित सूचना एकत्रित करने का प्रयास किया जाता है। कभी-कभी यह साक्षात्कार वाद-विवाद की सभा का रूप लेता है।

5. पुनरावृत्ति साक्षात्कार : इस प्रकार के साक्षात्कार मे अनुसन्धानकर्ता एक से अधिक बार साक्षात्कार करके सूचनादाता से सूचना संकलित करता है। इसका प्रयोग परिवर्तन का अध्ययन करने तथा सामाजिक तथा मनोवैज्ञानिक प्रक्रियाओं के प्रभाव जानने के लिए होता हैं।

6. अनिर्देशित साक्षात्कार : यह अनौपचारिक, अनियन्त्रित तथा संचालित साक्षात्कार के समान होता हैं। इसमें साक्षात्कारकर्ता किसी पूर्व-निर्मित अनुसूची के अनुसार प्रश्न न करके अपनी इच्छा से प्रश्न करता है और साक्षात्कारदाता के समक्ष किसी समस्या को रख देता है। साक्षात्कारदाता, जो विवरण, कहानी या वृत्तान्त प्रस्तुत करता है उसी के तथ्य संकलित होते हैं।

7. केन्द्रीय साक्षात्कार : इस प्रकार के साक्षात्कार का प्रयोग प्रायः किसी सामाजिक घटना, परिस्थितियों, फिल्म, रेडियो या दूरदर्शन कार्यक्रम के सूचनादाताओं पर पड़ने वाले प्रभाव का अध्ययन करने के लिए किया जाता हैं।

8. अनुसन्धान साक्षात्कार : इस प्रकार के साक्षात्कार का उद्देश्य नवीन ज्ञान की खोज से सम्बन्धित है। यह नवीन ज्ञान सामाजिक समस्याओं और सामाजिक घटनाओं से सम्बन्धित होता है।

9. कारक-परीक्षक साक्षात्कार : समाज मे विविध प्रकार की घटनाएँ घटित

होती रहती हैं। इन घटनाओं के घटित होने के कुछ विशेष कारक या तत्त्व हैं। इस प्रकार के साक्षात्कार में इन्हीं कारकों की खोज की जाती है।

10. प्रत्यक्ष साक्षात्कार : सामान्यतः साक्षात्कार प्रत्यक्ष ही होता है। इसे अनुसन्धानकर्ता को काल्पनिक रूप से सूचनादाता के आन्तरिक जीवन मे प्रवेश के रूप में देखा गया है।

अनुवाद का परिचय : सिद्धान्त और व्यवहार

परिभाषा

एक भाषा पाठ में निहित अर्थ या सन्देश को दूसरी भाषा में कही गयी बात को अनुवाद कहा जाता है अर्थात एक भाषा में कई गयी बात को दूसरी भाषा में यथावत व्यक्त करने की प्रक्रिया को अनुवाद कहते हैं।

अनुवाद शब्द अंग्रेज़ी के शब्द ट्रांसलेशन (Translation) का पर्यायवाची है। अंग्रेज़ी शब्दकोश के अनुसार, "एक भाषा के पाठ को दूसरी भाषा में व्यक्त करना 'ट्रांसलेशन' कहलाता है। इसका अर्थ है–'पारवहन'। पार अर्थात् 'अन्यत्र' दूसरी ओर' तथा वहन का अर्थ है 'ले जाना'।

'अनुवाद' शब्द संस्कृत का यौगिक शब्द है जो 'अनु' उपसर्ग तथा 'वाद' के संयोग से बना है। संस्कृत के 'वद्' धातु में 'घ' प्रत्यय जोड़ देने पर भाववाचक संज्ञा में इसका परिवर्तित रूप है 'वाद'। 'वद्' धातु का अर्थ है 'बोलना या कहना' और 'वाद' का अर्थ हुआ 'कहने की क्रिया' या 'कही हुई बात'। इस प्रकार किसी वस्तु को एक स्थान से अन्यत्र या दूसरी ओर ले जाना 'ट्रांसलेशन' कहलाता है।'

'अनु' उपसर्ग अनुवर्तिता के अर्थ में व्यवहृत होता है। 'वाद' में यह 'अनु' उपसर्ग जुड़कर बनने वाला शब्द अनुवाद है और 'अनुवाद' का अर्थ हुआ–'प्राप्त कथन को पुनः कहना'। पुनः कथन का पुनरावृत्ति होती है, शब्दों की नहीं होती। यहाँ एक स्थान बिन्दु 'स्रोत-भाषा' या 'Source Language' है तो दूसरा स्थान बिन्दु 'लक्ष्य-भाषा' या 'Target Language' है और ले जाने वाली वस्तु 'मूल या स्रोत-भाषा में निहित अर्थ या सन्देश होती है।

अनुवाद वस्तुतः जटिल भाषिक प्रक्रिया का परिणाम या उसकी परिणति है। अनुवाद की प्रक्रिया बहुस्तरीय होती है। एक स्तर विज्ञान की तरह विश्लेषणात्मक

है जो क्रमबद्ध विवेचन की अपेक्षा रखता है। प्रयोजनमूलक हिन्दी के साथ-साथ वर्तमान में अत्यन्त प्रभावशाली माध्यम के रूप में अनुवाद की महत्त्वपूर्ण भूमिका है।

आज-कल की दुनिया में तेजी से अविर्भूत होते ज्ञान-विज्ञान तथा प्रौ ोगिक की अनेक विध क्षेत्रों का फैलाव समस्त जगत् मे तीव्र गति से हो रहा है। ज्ञान-विज्ञान के उक्त सभी क्षेत्रों, देश-विदेशों की संस्कृति तथा देश के प्रशासन आदि को यथाशीघ्र समुचित ढंग से अभिव्यक्ति देने मे एक सहायक अनिवार्य तत्त्व के रूप मे अनुवाद का महत्त्व स्वयंसिद्ध है।

अनुवाद के उद्देश्य

1. दूसरी भाषाओं की शैलियों, मुहावरों, दार्शनिक तथ्यों, वैज्ञानिक एवं तकनीकि ज्ञान की प्राप्ति।

2. दूसरी भाषा के साहित्य से अपनी भाषा के साहित्य को समृद्ध करना।

3. विचार विनिमय।

अनुवाद के प्रकार

अनुवाद मुख्यतः तीन प्रकार के होते हैं–

1. **भावानुवाद**–शब्दानुवाद की तुलना में भावानुवाद पाठक को अधिक समझ में आता है। इसमें शब्दों के क्रमानुसार अनुवाद का ध्यान न रखते हुए उस वाक्य या वाक्यों के भावगत पर नजर रखी जाती है और अनुवाद का लक्ष्य मूलभाव को उजागर करना होता है, लेकिन अनुवादक इस कार्य में अपने विचारों का सम्मिश्रण नहीं कर सकता। केवल वह भावानुवाद करता है।

2. **शब्दानुवाद**–शब्दानुवाद में मूल भाषा का दूसरी भाषा में ज्यों-का-त्यों अनुवाद किया जाता है। मूल भाषा की योजना और वाक्य विन्यास को यथावत अनुवाद की भाषा में रखा जाता है। यह शब्दसः उनका अनुवाद होता है अर्थात वाक्य में प्रयुक्त शब्दक्रम के अनुसार अनुवाद क्रम में अनुवाद किया जाता है। इससे कई वाक्यों का सही अर्थ ध्वनित नहीं होता और साथ ही साथ कई बार अर्थ का अनर्थ होने की भी सम्भावना रहती है।

3. **पर्याय या रूपांतर अनुवाद**–इसमें अनुवादक की पूरी मनमानी रहती है। वह यथेष्ट परिवर्तन करता है। अपनी बातों-विचारों का समावेश करता है, लेकिन मूलपाठ के उद्देश्य अथवा विचार से भटकता नहीं है बल्कि उसमें नयी ऊर्जा और चेतना भर देता है।

अनुवाद के नमूने : (हिन्दी-अंग्रेज़ी)

अनुवाद-1

व्याकरण और भाषा-शास्त्र के मुकाबले में भाषा खुद कहीं बड़ी चीज है। यह एक जाति और संस्कृति की प्रतिभा की कवित्वमय विरासत है और जिन विचारों और कल्पनाओं ने उन्हें ढाला है, उनका जीता-जागता रूप है। शब्द युग-युग में अपने अर्थ बदलते रहते हैं और पुराने विचार नये विचारों में तब्दील हो जाते हैं, अगरचे अक्सर वे अपना पुराना भेस कायम रखते हैं, किसी पुराने लफ्ज़ या मुहावरे के मानी पकड़ना मुश्किल हो जाता है और उस भाव के बारे में तो कहा ही क्या जाये!

A Language is something infinitely greater than grammar and philology. It is the poetic testament of the genius of race and culture, and the living embodiment of the thoughts and fancies that have moulded them. Words change their meanings from age to age and old ideas transform themselves into new, often keeping their old attire. It is difficult to capture the meaning, much less the spirit, of an old word or phrase. Some kind of a romantic and poetical approach is necessary if we are to have a glimpse into that old meaning and into the minds of those who used the language in former days.

अनुवाद-2

जीवन के कई क्षेत्रों में अनुशासन अत्यन्त आवश्यक है। अनुशासन के बिना हम जानवर से भी बदतर हैं। स्कूल के दिनों में विद्यार्थी अनुशासित चरित्रवान होने पर उसके अपने भविष्य की ज़िन्दगी में अच्छे परिणाम होते हैं। परिवार में भी अनुकूल स्थिति को बनाये रखने में अनुशासन बहुत जरूरी है। समाज और राष्ट्र में शान्ति सामरस्य सम्बन्ध बनाये रखने के लिए इस अनुशासन अत्यन्त आवश्यक है।

Discipline is very essential in every walk of life. Without discipline, we are no better than brutes. If a student forms disciplined habits in his school days, it will have a good effect upon his future life. Discipline is necessary to maintain harmony in a family. It is equally necessary in maintaining peace and harmonious relation in society and a nation.

अनुवाद-3

भगवान की दया से आज हमारे देश के शिक्षित देश में सुधार लाने के लिए उत्सुक हैं। इस सुधार की पहली सीढ़ी ही शिक्षा है। वर्तमान में हमारे देश की आबादी में दस प्रतिशत शिक्षित नहीं है। लेकिन कई आज़ाद राष्ट्रों में पाँच फीसदी भी अशिक्षित नहीं मिलते। हमारे देश में नौकरी प्राप्त करना ही शिक्षा का उद्देश्य समझा जाता है। लेकिन वास्तव अनपढ़ आदमी इहलोक और परलोक दोनों के लिए भी योग्य नहीं समझा जाता है।

By the grace of God, the educated people of our country today are eager to reform the country. The first step for this is education. At present, not even ten percent of our people are educated. But among the free countries, there are some, where we cannot find even five percent of uneducated people. In our land, education is thought of only for obtaining service. But the fact is that the uneducated person is no good either for this world, or for the other.

अनुवाद-4

सभ्यता के लक्षणों में समाचार-पत्र एक है। कोई राष्ट्र जितना ज्यादा शिक्षित होता, उतनी ही ज्यादा वहाँ समाचार पत्रों की माँग होती है; क्योंकि शिक्षित व्यक्ति यह जानने के लिए सदा उत्सुक रहता है कि दुनिया में क्या हो रहा है और इसकी जानकारी उसे समाचार पत्रों के माध्यम से ही मिल सकती है। हर प्रकार का स्थानीय और विदेशी समाचार हमें देना समाचार-पत्र का प्राथमिक कार्य है। हमारे देश में तथा दुनिया के अन्य देशों में क्या हो रहा है, इसकी सूचना समाचार-पत्र हमें देता है। समाचार-पत्रों से ही हम दुनिया की महत्त्वपूर्ण और दिलचस्प घटनाओं के बारे में जान सकते हैं।

Newspapers are one of the signs of civilization. The more a country is educated, the greater is the demand for newspapers, for an educated man is always eager to know what is going on in this world. This information he can only have through the medium of newspapers. The primary function of newspapers is to supply us with all sorts of news, local and foreign. It gives us information of what is going on in our own country and other parts of the world. It is only on account of newspapers that we can closely follow the important and interesting events of the world.

भाषा और मीडिया

मीडिया लेखन: सिद्धांत (मुद्रण और दृश्य मिडिया)

परिभाषा

मीडिया अंग्रेज़ी शब्द है, जिसका अर्थ 'माध्यम'। मीडिया शब्द संचार के साधनों रेडियों, टेलीविजन, समाचार-पत्र आदि के लिए संज्ञा के रूप में प्रयुक्त होता है। संचार के दो या दो से अधिक साधनों को सामूहिक रूप से 'मीडिया' कहते हैं। माध्यम के बिना कोई भी सन्देश ग्रहण करने या भेजने की प्रक्रिया परिपूर्ण नहीं हो पाती है। माध्यम सूचना की शक्ति है और उसकी प्रभाव क्षमता को तीव्र करता है। 'मीडिया' है जिसका अंग्रेज़ी शब्द 'मीडिया' लेखन कला का विकास आधुनिक युग की देन माना जाता है। मीडिया शब्द मूलरूप से लैटिन भाषा की है। मीडिया को अधिकतर डिजिटल मीडिया या माध्यम के रूप में भी जाना जाता है।

मनुष्य को यह कला जन्मजात प्राप्त नहीं हुई, इसका निर्माण तथा विकास आदमी ने स्वयं के विवेक से किया। आरम्भ में बड़े-बड़े छापेखाने खोले गये, जिसमें धार्मिक पुस्तकों का मुद्रण कार्य हुआ। इसका मुख्य उद्देश्य धर्म का प्रचार प्रसार करना था। लेखन कला के विकास से पूर्व पूरी व्यवस्था मौखिक रूप पर आधारित थी। शिक्षा-दीक्षा आदि सभी कार्य मौखिक रूप से ही किये जाने लगे। वर्तमान में लेखन कला का व्यापक रूप से विकास हुआ है। आजकल एक क्षण में अपने सन्देश को एक स्थान से दूसरे स्थान तक प्रेषित किया जा सकता है। मुद्रण तथा लेखन से द्वारा ही यह कार्य सम्भव हुआ है।

भारत में प्रथम छापाखाना गोवा में खोला गया था, जिसमें ईसाई मिशनरियों ने अपने धर्म की पुस्तकों का प्रचार-प्रसार करने के लिए प्रयोग किया। धीरे-धीरे इसका विकास निरन्तर होता गया, पाठकों का उदय भी तीव्र गति से होता रहा। इसके साथ मुद्रण कला का विकास बढ़ता गया। आज मुद्रण कला ने अपने साथ

समाज का भी विकास किया है। इसके साथ हर व्यक्ति जुड़ चुका है।

मीडिया का मुख्य उद्देश्य समाज को सूचित करना, शिक्षित करना और प्रेरित करना है। मास मीडिया का उपयोग बड़े पैमाने पर संचार के चैनल के रूप में किया जाता है। मीडिया शब्द को समाज में सामान्य संचार के तरीकों या चैनलों में से एक के रूप रूप में परिभाषित किया जाता है और जिसके माध्यम से समाचार, मनोरंजन, शिक्षा, डाटा या प्रचार सन्देश व्याप्त हो रहा है। मीडिया लेखन का सिद्धान्त सीधा और सरल है। मीडिया लेखन कला का सम्बन्ध सीधा-सीधा समाज और समाज के समस्याओं गतिविधियों आदि से होता है। इससे केन्द्र में सामाजिक व्यक्ति होता है। अतः मीडिया लेखन का मूल उद्देश्य, सामाजिक विषयों को उठाना तथा समाज के लिए लेखन कार्य करना है। इसके लिए एक अनुभवी और जानकार व्यक्ति का होना नितान्त आवश्यक है, जो उसके विभिन्न पहलुओं से परिचित हो। उसकी बारीकियों को समझता हो तथा समाज के हितों का ध्यान रखता हो। इसके विषय क्षेत्र पर बात करें तो वह सभी विषय इसके अन्तर्गत समाहित हैं, जो सीधे तौर पर सामाजिक सरोकार के सन्दर्भ में हो।

मीडिया लेखन के प्रकार

1. समाचार : मीडिया लेखन के क्षेत्र में समाचार और प्रसिद्ध क्षेत्र है। समाचार सामाजिक जिज्ञासा को शान्त करता है, उसके प्रश्नों के उत्तर तत्काल देने में सक्षम होता है। समाचार लेखन करते समय समाज के सभी वर्गों का ध्यान रखना चाहिए। क्योंकि समाज के सभी वर्ग आज समाचार से जुड़े होते हैं। समाचार समाज में हो रही घटना का विस्तृत विवरण प्रस्तुत करता है। समाज से सरोकार रखने वाला विचार समाचार अन्तर्गत होना चाहिए। मनुष्य को सीधा जोड़ने वाली घटना इसमें होना चाहिए। अतः घटना भाषा शैली शब्दावली चित्र आदि सभी समाज के अनुकूल होना चाहिए।

2. फीचर : किसी एक निश्चित विषय पर गहन अध्ययन कर लिखने को फीचर लेखन कहा जाता है। इसका प्रकाशन समाचार-पत्र-पत्रिका में होना चाहिए। इसको लिखने वाला उस क्षेत्र का अनुभवी या जानकार होना चाहिए। जिसे समाज उस क्षेत्र में भली-भाँति जानता है। जैसे— क्रिकेट पर फीचर करते समय हर्ष, भोगले, सचिन तेन्दुलकर आदि पर लेख लिखते हैं तो वह अधिक रुचि का विषय बन जाता है। क्योंकि उनकी जानकारी इस क्षेत्र में अधिक है। फीचर लेखन विशेषांक

होता है, इसमें समग्र रूप से अध्ययन और विचार प्रकट किया जाता है। साथ ही सुझाव भी दिया जाता है।

3. भेंटवार्ता : भेंटवार्ता का मीडिया लेखन में अहम योगदान है। इसके अन्तर्गत किसी विशिष्ट व्यक्ति या पात्र से भेंट की जाती है। इस दौरान उनसे जो प्रश्न-उत्तर पूछे जाते हैं तथा सुझाव लिये जाते हैं। उन सभी को क्रमशः प्रकाशित किया जाता है, जिसे भेंटवार्ता का नाम दिया जाता है। आज इसका प्रचलन अधिक बढ़ता जा रहा है। बड़े-बड़े राजनीतिज्ञ, लेखक, समाजसेवी आदि से साक्षात्कार कर उनके अनुभवों, जानकारियों, सुझावों आदि को गृहीं कर लेखन किया जाता है।

4. कमेंट्री : कमेंट्री का मुख्य प्रयोग रेडियो तथा टेलीविजन के क्षेत्र में सीधे प्रसारण के तौर पर किया जाता है। क्रिकेट या कोई खेल प्रतियोगिता चल रही हो, उस समय आप इससे अधिक जुड़ते हैं। राष्ट्रीय पर्व के उपलक्ष्य में किसी प्रकार का कार्यक्रम किया जाता है। तो उसमें कमेंट्री की भूमिका अवश्य रहती है। कमेंट्री एक जीवन्त कला है, जिसका आँखों देखा हाल प्रसारण किया जाता है। मीडिया के क्षेत्र में इसका प्रयोग लोगों को जानकारी देने के उद्देश्य से किया जाता है। यह उन लोगों के लिए विशेष लाभदायक है जो देख नहीं सकते। उनके लिए यह दिव्य कला है, उन्हें कमेंट्री से जीवन्त चित्र प्रस्तुत किया जाता है। जिसके माध्यम से वे पूरे दृश्य को सुनकर समझ लेते हैं। कमेंट्री करने वाले व्यक्ति को विशेष ध्यान देना चाहिए उन्हें अपने शब्दों से चित्र प्रस्तुत करने की कला होनी चाहिए। उस क्षेत्र में गहन जानकारी का होना भी आवश्यक है, अन्यथा वे कमेंट्री के मूल उद्देश्यों को पूरा नहीं कर सकते।

5. सम्पादकीय : सम्पादकीय किसी भी पत्र-पत्रिका का आईना होता है। सम्पादकीय पढ़कर उस पत्र की विचारधारा को समझ सकते हैं। सम्पादकीय उस पत्र या पत्रिका के सम्पादक के द्वारा या विशिष्ट लोगों के द्वारा लिखा जाता है। सम्पादकीय में समाज के ज्वलन्त मुद्दों पर प्रकाश डाला जाता है। इस प्रकार सामाजिक जिज्ञासाओं को शान्त करने का प्रयास किया जाता है। यह पत्र की अपनी विचारधारा प्रस्तुत करने का माध्यम भी होता है।

6. विज्ञापन : आज के दौर में विज्ञापन का महत्त्व काफी बढ़ गया है। किसी भी वस्तु या प्रोडक्ट को बेचने के लिए उसका विज्ञापन किया जाता है। विज्ञापन जितना सुन्दर होता है, उतना ही वह ग्राहकों द्वारा पसन्द किया जाता है। आजकल विज्ञापन प्रयोग बाज़ार में ख़ूब किया जा रहा है। ख़राब-से-ख़राब वस्तु का भी महिमामण्डन कर ग्राहकों को लुभाया जा रहा है। आज ऑनलाइन

तथा ऑफलाइन विज्ञापन का प्रचार-प्रसार हो रहा है। इससे विज्ञापन के क्षेत्र में विभिन्न प्रकार के अवसर उत्पन्न हो रहे हैं और आर्थिक लाभ भी लिया जा रहा है। नये-नये शोध में यह बात सामने आ रही है कि विज्ञापन से ऑनलाइन का बाज़ार निरन्तर बढ़ता जा रहा है। यही कारण है कि आज बाज़ार डिजिटल रूप में घर-घर उपलब्ध है।

7. समीक्षा : समीक्षा की बदौलत आज किसी को भी प्रसिद्ध बनाने का खूब प्रचलन है। आज जितने भी बाज़ार में प्रोडक्ट आते हैं उनकी समीक्षा अर्थात रिव्यू का प्रचलन बढ़ गया है। इसके माध्यम से उसकी खूबियों-कमियों को बताया जाता है, जो ग्राहकों को अपने मन-मुताबिक पसन्द करने में आसानी होती है, वैश्विक बाज़ार में इसका प्रचलन काफी बढ़ गया है। आज हैरी पॉर्टर इतना प्रसिद्ध क्यों है? क्या आपने इस पर थोड़ा-सा ध्यान दिया है? नहीं तो यहाँ हम आपको समीक्षा की ओर ध्यान आकर्षित करना चाहते हैं। हैरी पॉर्टर ने विश्व स्तर पर अपनी किताब की समीक्षा के लिए धन खर्च किये जिसके कारण हैरी पॉर्टर आज विश्व की सबसे ज्यादा बिकने वाली किताब बन गयी है।

समीक्षा करते समय उसके गुण-अवगुण आदि को प्रस्तुत किया जाना चाहिए। प्रस्तुतकर्ता को उस क्षेत्र का विशेष अनुभव भी होना चाहिए। कहानी का महत्त्व तब बढ़ जाता है, जब समाज में किसी सन्देश को पहुँचाना होता है। कहानी का सम्बन्ध समाज के साथ सीधा है। लेखन कला के विकास से पूर्व बालक में संस्कार कहानी के माध्यम से ही डाले जाते हैं। आज भी पंचतन्त्र जैसी कहानियाँ नैतिक, चारित्रिक, सामाजिक विकास के लिए अहम भूमिका निभाती हैं। मीडिया लेखन में कहानी का प्रयोग ही नहीं, सभी उद्देश्यों की पूर्ति के लिए किया जाता है।

8. नाटक : नाटक साहित्य की सबसे पुरानी विधा है। जब लेखन कला का विकास नहीं हुआ था, तब भी इसका भरपूर प्रयोग किया जाता था। पूर्व समय में लोग मंच पर मुखौटा लगाकर अभिनय करते थे, इसका विस्तृत रूपरेखा शास्त्र में भी अपने उपलब्ध है। अभिनव गुप्त तथा अन्य नाट्य शास्त्रियों ने इसकी विस्तृत रूपरेखा तथा योजना का निर्माण किया है। जिसमें अभिनयकर्ता तथा दर्शक दोनों के बीच तारतम्यता स्थापित करने के लिए सम्पूर्ण क्रिया-कलाप को शास्त्रबद्ध किया गया है। नाटक आज भी खेले जाते हैं आये दिन अपने समाज को जागरूक करने के लिए नुक्कड़ नाटक का अभिनय तो देखा ही होगा।

साथ ही आप रामलीला का मंचन भी वर्ष में एक बार अवश्य देखते होंगे, ये सभी नाटक के ही अंग हैं। मीडिया लेखन के क्षेत्र में नाटक का विशेष महत्त्व है। इसके माध्यम से सामाजिक जागरूकता का अभियान भी चलाया जाता है, जिससे समाज के निकट जाने में सुविधा होती है।

9. परिचर्चा : परिचर्चा की पत्रकारिता एक विशिष्ट विधा है। समसामयिक विषयों पर लोगों की रुचि और प्रतिक्रिया जानने के लिए विभिन्न समाचार का नियमित रूप से आयोजन करते हैं। इसके द्वारा किसी महत्त्वपूर्ण विषय पर लोगों की राय को समाज तक पहुँचाया जाता है, जिससे जनमत का निर्माण होता है। सामान्य और विवादास्पद विषयों पर परिचर्चाएँ होती हैं। चुनावों के दौरान भी विभिन्न तरह की परिचर्चाएँ आयोजित होती हैं।

रचनात्मक लेखन : कैप्शन लेखन, टैगलाइन और विज्ञापन लेखन

कैप्शन लेखन : किसी भी फोटो का कैप्शन सटीक होना चाहिए और अच्छी पत्रकारिता के पाँच बुनियादी सवालों (कौन, क्या, कहाँ, कब और क्यों) का जवाब देना चाहिए। सभी प्रविष्टियों में सटीक कैप्शन और विवरण होना चाहिए, जो अंग्रेज़ी में लिखे गये हों। यदि कैप्शन का अनुवाद किया गया है, तो भी उसमें पूरी जानकारी होनी चाहिए।

संक्षिप्त परियोजना विवरण में निम्नलिखित बातें होनी चाहिए :

- वर्णन करें कि फोटोग्राफ या प्रोजेक्ट में कौन है और फोटोग्राफ या प्रोजेक्ट में क्या चल रहा है।
- उस शहर, क्षेत्र या राज्य और देश का नाम बतायें जहाँ फोटोग्राफ या प्रोजेक्ट बनाया गया था।
- फोटोग्राफ या प्रोजेक्ट बनाने की तारीख बतायें।
- कैप्शन में उन गतिविधियों को भी श्रेय दिया जाना चाहिए जो दिखाई नहीं देतीं (उदाहरण के लिए, पुलिस के अनुसार, दुर्घटना का वह दृश्य, जिसमें 10 से अधिक लोग मारे गये)।

लम्बे विवरण का उपयोग समाचार घटना का सन्दर्भ देने या यह बताने के लिए किया जाता है कि फोटोग्राफ या परियोजना क्यों महत्त्वपूर्ण है? शामिल की गयी जानकारी का स्रोत भी दिया जाना चाहिए।

लम्बे विवरण में यह भी स्पष्ट किया जाना चाहिए कि फोटो किस परिस्थिति में ली गयी थी। यदि फोटोग्राफर ने किसी भी तरह से दृश्य को प्रभावित किया है या किसी विषय को पोर्ट्रेट के लिए किसी भी तरह से पोज़ देने के निर्देश दिये हैं,

तो इसकी भी जानकारी दी जानी चाहिए। आचार संहिता के अनुच्छेद चार में बताये अनुसार कैप्शन में सहमति के बारे में जानकारी दर्शायी जानी चाहिए ।

अतिरिक्त जानकारी : कैप्शन के रूप में दी गयी जानकारी के साथ-साथ, प्रतिभागियों को कहानी कैसे और क्यों बनाई गई, जैसे प्रेरणा, परियोजना का प्रकार (असाइनमेंट/व्यक्तिगत परियोजना) और फंडिंग से सम्बन्धित प्रासंगिक अतिरिक्त जानकारी भी प्रदान करनी होगी। ओपन फॉर्मेट में प्रविष्टियों के लिए, प्रविष्टियों में परियोजना के निर्माण में विधियों और प्रक्रियाओं का विवरण भी शामिल होना चाहिए। यह जानकारी प्रविष्टि पर एकत्र की जाती है और राउंड चार से जूरी को दी जायेगी। यदि जूरी को उनकी अतिरिक्त जानकारी के बारे में कोई प्रश्न है, तो जजिंग प्रक्रिया के दौरान प्रतिभागियों से सम्पर्क किया जा सकता है।

टैगलाइन लेखन : एक अनूठी और रचनात्मक टैगलाइन लोगों को आपको याद रखने में मदद कर सकती है और उपभोक्ता खरीद प्रवृत्तियों पर एक शक्तिशाली प्रभाव डाल सकती है। ऐसा इसलिए है क्योंकि यह सेकेंड में किसी का ध्यान आकर्षित कर सकती है और अपने आप में आपके ब्रांड का एक बयान बन सकती है। तो कोई ऐसा स्मार्ट वाक्यांश कैसे गढ़ सकता है, जिसे हर कोई जानता हो? जागरूकता के लिए समय लगता है और वैश्विक मान्यता के अलावा, आप एक ऐसी टैगलाइन तैयार कर सकते हैं जो आपके उद्योग के भीतर ब्रांड रिकॉल को बढ़ावा दे और आपको बाकी लोगों से अलग दिखाये।

आज, टैगलाइन और नारे के बीच का अन्तर धुँधला हो गया है क्योंकि दोनों शब्दों का परस्पर उपयोग किया जाता है। हालाँकि तकनीकी रूप से, वे अलग-अलग हैं और एक कम्पनी दोनों का उपयोग अलग-अलग उद्देश्यों के लिए कर सकती है। उदाहरण के लिए डिज़नीलैंड की टैगलाइन है–'पृथ्वी पर सबसे खुशहाल जगह' लेकिन डिज़नी नारे का भी उपयोग करता है जैसे–'जहाँ सपने सच होते हैं', 'जहाँ जादू शुरू होता है' और बहुत कुछ। एक साथ उपयोग किये जाने पर, टैगलाइन और नारे के वाक्यांश शक्तिशाली ब्रांड विभेदक होते हैं।

टैगलाइन : टैगलाइन व्यवसाय इकाई से सम्बन्धित होती है और इसे बदलने का मतलब नहीं है, हालाँकि वे कभी-कभी ब्रांड के साथ विकसित होती हैं। यह अक्सर आपकी कम्पनी के लोगों या ग्राफिक्स का हिस्सा होता है

नारा : एक नारा आमतौर पर किसी उत्पाद से जुड़ा होता है और विज्ञापन अभियान में इस्तेमाल किया जाता है। यह समय के साथ बदलता रहता है, **हालाँकि** एक अच्छा नारा दर्शकों बना रह सकता है।

एक बेहतरीन टैगलाइन के पाँच तत्त्व

लाभ-संचालित : लाभ-संचालित टैगलाइन वह होती है जो उपभोक्ता के लिए आपके ब्रांड के मुख्य लाभ को उजागर करती है। ध्यान रखें कि औसत उपभोक्ता को इस बात से कोई फ़र्क नहीं पड़ता कि आप व्यवसाय में सबसे पुराने हैं या शीर्ष पर, वे बस यह जानना चाहते हैं कि आपके ब्रांड को चुनने से उन्हें क्या लाभ मिलेगा। जैसा कि वे कहते हैं, लाभ बेचें, विशेषता नहीं!

सरल : अधिकांश ऑनलाइन विज्ञापन सिद्धान्तों की तरह सरलता, सन्देश को बिना किसी व्यवधान के आसानी से दर्शकों का ध्यान आकर्षित करने की कुंजी है, और यहाँ सरल से हमारा मतलब है संक्षिप्त, स्पष्ट और समझने में आसान–न कि एक उबाऊ लम्बी लाइन जो दर्शकों को भ्रमित करती है।

आकर्षक : बेशक, आपको एक सरल और स्पष्ट टैगलाइन का लक्ष्य रखना होगा, लेकिन अगर आप पाठकों का ध्यान आकर्षित करना चाहते हैं और उन्हें अपने ब्रांड की मौजूदगी का एहसास कराना चाहते हैं, तो यह आकर्षक भी होना चाहिए। आम और आकर्षक शब्दों का अधिक रचनात्मक या मज़ेदार तरीके से इस्तेमाल करना सबसे अच्छा तरीका है।

अद्वितीय : यदि आपकी टैगलाइन आपके क्षेत्र के किसी अन्य प्रतियोगी या किसी बड़े ब्रांड के समान है, तो यह निश्चित रूप से प्रभाव खो देगी और यह निश्चित रूप से आपके ब्रांड की छवि को बर्बाद कर सकती है, जिससे आप ब्रांडों के सागर में एक और ब्रांड की तरह दिखेंगे। अपने खेल को आगे बढ़ायें और लोगों को एक अनूठी टैगलाइन के साथ आपको एक अधिक अद्वितीय ब्रांड के रूप में देखें।

सार्थक : सफल टैगलाइन भी प्रत्यक्ष या अप्रत्यक्ष अर्थ व्यक्त करती हैं–इसे गोंद की तरह समझें जो आपके ब्रांड के तत्त्वों को एकजुट करती है और आपकी कॉर्पोरेट पहचान का समर्थन करती है। सार्थक टैगलाइन आपके ब्रांड के पीछे के उद्देश्य, दृष्टि या अर्थ को एक पंक्ति में व्यक्त करती हैं जैसे–'प्यार फैलाना और लोगों को एक साथ जोड़ना।' यह सिर्फ़ यह नहीं बताती कि आप कौन हैं? यह आपके ब्रांड के सार को भी दर्शाती है।

बेहतरीन टैगलाइन और नारे के उदाहरण

कुछ ब्रांड अन्य प्रमुख ब्रांड तत्त्वों के अलावा रचनात्मक टैगलाइन और नारे की बदौलत दुनिया भर में प्रसिद्धि पाने में कामयाब रहे हैं और उनकी टैगलाइन की सफलता के पीछे सबसे बड़ा कारण रचनात्मकता, सरलता और सार्थकता पर बताये

गये अधिकांश प्रमुख तत्त्वों का पालन करना है। यहाँ कुछ बेहतरीन उदाहरण दिये गये हैं :

लेज़ : 'शर्त है कि आप सिर्फ़ एक ही नहीं खा सकते।' लेज़ शायद दुनिया भर में चिप्स में नंबर 1 ब्रांड है और उनका नारा निश्चित रूप से उनकी सफलता में इज़ाफ़ा करता है। उनका नारा अविश्वसनीय रूप से सरल है क्योंकि यह आनन्द के लिए खाने की भावना को जगाता है, एक प्रतिक्रिया जिसे–'हेडोनिक हाइपरफैगिया' भी कहा जाता है। इस नारे और सेलिब्रिटी द्वारा समर्थित विज्ञापनों की बदौलत, चिप्स की बिक्री अन्तरराष्ट्रीय हो गयी और बिक्री आसमान छू गयी।

मास्टरकार्ड : 'कुछ चीज़ें ऐसी होती हैं जिन्हें पैसे से नहीं खरीदा जा सकता। बाकी सब के लिए मास्टरकार्ड ही है।'–यह अनमोल और बेहद प्रभावी टैगलाइन उन उपभोक्ताओं को आकर्षित करती है जो अनुभवों को महत्त्व देते हैं। भले ही दो टैगलाइनों का एक साथ इस्तेमाल करना आम बात नहीं है, लेकिन मास्टरकार्ड ने भावुक होकर और उपभोक्ताओं की भावनाओं को जगाकर दोनों को सफलतापूर्वक एक साथ लाने में कामयाबी हासिल की है। इसने नारे में अपने ब्रांड का नाम भी बड़ी चतुराई से पेश किया है, बिना दोहराव के। इस नारे की खूबी यह है कि इसमें एक अनुमान है कि उत्पाद वास्तव में महत्त्वपूर्ण (अनमोल) क्षणों को साकार कर सकता है, जो शानदार है।

विज्ञापन लेखन : किसी उत्पाद अथवा सेवा को बेचने अथवा उत्पादन के उद्देश्य से किया जाने वाला जनसंचार विज्ञापन कहलाता है। विज्ञापन विक्रय कला का एक नियन्त्रित जनसंचार माध्यम है जिसके द्वारा उपभोक्ता को दिखाई देने वाले एवं सुनाई देने वाली सूचना इस उद्देश्य से प्रदान की जाती है कि वह विज्ञापनकर्ता (विज्ञापन करने वाले) की इच्छा से विचार सहमति, कार्य अथवा व्यवहार करने लगे।

विज्ञापन अपनी छोटी-सी संरचना में बहुत कुछ समाये होते हैं। आज विज्ञापन हमारे जीवन का अहम हिस्सा बन चुका है। विज्ञापन शब्द 'वि' और 'ज्ञापन' से मिलकर बना है जहाँ 'वि' का अर्थ 'विशिष्ट' तथा 'ज्ञापन' का मतलब सूचना से है। अत: विज्ञापन का अर्थ 'विशिष्ट सूचना' से है। आधुनिक समाज में 'विज्ञापन' व्यापार को बढ़ाने वाले माध्यम के रूप में जाना जाता है।

विज्ञापन से फायदे

विज्ञापन लिखने से उपभोक्ता और उत्पादक कम्पनी दोनों को ही फायदा होता है।

इसके अलावा जिन लोगों के लिए वह विज्ञापन बनाया जा रहा है, उनके लिए भी काफी फायदेमंद होता है।

- उत्पादक कम्पनी विज्ञापन के जरिये वस्तुओं की ज्यादा बिक्री कर पाती हैं और ज्यादा लोगों तक अपने उत्पाद को पहुँचा पाती हैं।
- कम्पनी अपने उत्पाद के गुणों की जानकारी उपभोक्ता के सामने आसानी से रख पाती हैं।
- बाज़ार में एक ही वस्तु कई सारी कम्पनियों द्वारा बनायी जाती हैं और हर कम्पनी अपने द्वारा बनाये गये उत्पाद का विज्ञापन करती है जिससे उपभोक्ता को सभी उत्पादों की जानकारी हो जाती है।
- उपभोक्ता विज्ञापन के माध्यम से बेहतरीन वस्तु को कम दाम में खरीद पाता हैं। यानी विज्ञापन उत्पाद कम्पनी और उपभोक्ता दोनों के लिए फायदेमन्द है।

विज्ञापन लेखन कैसे करें

विज्ञापन लेखन करते समय निम्न बातों का ध्यान रखना चाहिए–

1. एक बॉक्स-सा बनाकर ऊपर मध्य में विज्ञापित वस्तु का नाम मोटे और बड़े अक्षरों में लिखना चाहिए।
2. दायें एवं बायें किनारों पर सेल धमाका, खुशखबरी, खुल गया जैसे लुभावने शब्दों को लिखना चाहिए।
3. बायीं ओर बीच में विज्ञापित वस्तु के गुणों का उल्लेख करना चाहिए।
4. दायीं ओर या मध्य में वस्तु का बड़ा-सा चित्र देना चाहिए।
5. लिमिटेड ऑफर, स्टॉक सीमित या जल्दी करें जैसे रोचक शब्दों का प्रयोग किसी डिजाइन में होना चाहिए।
6. मुफ़्त मिलने वाले सामान या छूट का उल्लेख अवश्य किया जाना चाहिए।
7. ऊपर की जगह में कोई छोटी-सी तुकबन्दी, जिससे पढ़ने वाला आकर्षित हो जाये।
8. सम्पर्क करें/फोन नं. का उल्लेख अवश्य करें, जैसे–0744-23456789 आदि। अपना निजी नं. देने से बचना चाहिए।

विज्ञापन कितने प्रकार के होते हैं?

वर्तमान में विज्ञापन के कई रूप हमारे सामने आते है इनको निम्नलिखित प्रकार में रखा जा सकता है।

1. **अनुनेय विज्ञापन**–विज्ञापन के माध्यम से जनता अथवा उपभोक्ता तक पहुँच कर उन्हें अपनी ओर आकर्षित करने, रिझाने और उत्पाद की प्रतिष्ठा तथा उसके मूल्य को स्थापित किया जाता है। इस प्रकार के विज्ञापन तब प्रसारित किये जाते हैं, जब निर्माता का उद्देश्य ग्राहकों के मन में अपनी वस्तु का नाम स्थापित करना होता है और उम्मीद की जाती हैं कि ग्राहक इसे खरीदेगा। विज्ञापन विभिन्न माध्यमों के आधार पर विशिष्ट उपभोक्ताओं को अपने उद्देश्य के लिए मनाने की इच्छा रखते हैं। जैसे–किसी वस्तु को बेचने के लिए उसका विज्ञापन देना।
2. **सूचनाप्रद विज्ञापन**–इस प्रकार के विज्ञापन सूचनाओं को प्रसारित करने एवं व्यापारिक अभिव्यक्ति के रूप में सामने आते हैं। साथ ही इन विज्ञापनों का उद्देश्य जनसाधारण को शिक्षित करना, जीवन स्तर ऊँचा करना, सांस्कृतिक और सामुदायिक विकास सुधार, अन्तरराष्ट्रीय सद्भावना, वन्य प्राणी सुरक्षा, यातायात सुरक्षा आदि क्षेत्रों में जन-साधारण की भलाई के उद्देश्य से सूचना प्रदान कर जागरूकता उत्पन्न करता है।
3. **सांस्थानिक विज्ञापन**–सांस्थानिक विज्ञापन व्यावसायिक संस्थानों जैसे कॉलेज, कोचिंग,स्कूल आदि द्वारा प्रकाशित और प्रचारित कराये जाते हैं। संस्थाओं के रूप में बड़े-बड़े उद्योग समूह अन्तरराष्ट्रीय तथा राष्ट्रीय स्तर की कम्पनियाँ आदि विज्ञापन प्रस्तुत कर राष्ट्रहित सम्बन्धी जनमत का निर्माण करती हैं। विज्ञापन की विषय-वस्तु नितान्त जन-कल्याण से सम्बन्धित होती है किन्तु इसमें स्वयं का विज्ञापन भी शामिल होता है। इस तरह के विज्ञापनों का उद्देश्य बिक्री बढ़ाना न होकर लोगों को जानकारियाँ देना होता है
4. **औद्योगिक विज्ञापन**–औद्योगिक विज्ञापन कच्चा माल, उपकरण आदि की क्रय में वृद्धि के उद्देश्य से किया जाता है, इस प्रकार के विज्ञापन प्रमुख रूप से औद्योगिक प्रक्रियाओं में प्रकाशित किये जाते हैं, इन विज्ञापनों का प्रमुख उद्देश्य सामान्य व्यक्ति को आकर्षित करना नहीं होता है, बल्कि औद्योगिक क्षेत्र से सम्बन्धित व्यक्तियों, प्रतिष्ठानों तथा निर्माताओं को अपनी ओर आकर्षित करना होता है। उदाहरणार्थ किसी बड़ी स्टील निर्माता कम्पनी का विज्ञापन, जो स्टील के सामान बनाने वाले छोटे उत्पादकों को लक्ष्य कर जारी किया जाता है। छोटे उद्योग भी अपना कच्चा माल बेचने के लिए इस तरह के विज्ञापनों का सहारा लेते हैं।

5. **वित्तीय विज्ञापन**–वित्तीय विज्ञापन प्रमुख रूप से अर्थ से सम्बन्धित होता है, विभिन्न कम्पनियों द्वारा अपने शेयर खरीदने का विज्ञापन उपभोक्ताओं को निवेश करने के लिए प्रोत्साहित करने से सम्बन्धित विज्ञापन इसी श्रेणी में आते है। बैंक, बीमा कम्पनियाँ, वित्तीय संस्थाएँ आदि अपनी वित्तीय गतिविधियों की जानकारी देने, शेयर जारी करने, पूँजी बाज़ार से पैसे उठाने आदि कामों के लिए इस तरह के विज्ञापन जारी करती हैं। इस तरह के विज्ञापनों के जरिये कम्पनियाँ अपनी वित्तीय उपलब्धियाँ, अनुमानित लाभ और विस्तार योजनाओं आदि के बारे में बताती हैं
6. **वर्गीकृत विज्ञापन**–वर्गीकृत विज्ञापन प्राय: स्थानीय आवश्यकताओं और सूचनाओं पर आधारित होते हैं। इस तरह के विज्ञापन, विज्ञापन के प्रारम्भिक स्वरूप हैं। इस प्रकार के विज्ञापन अत्यधिक संक्षिप्त, सज्जाहीन एवं कम खर्चीले होते हैं, जैसे–शोक संवेदना, ज्योतिष, विवाह सम्बन्धी गणना, बधाई, क्रय-विक्रय, आवश्यकता, नौकरी, वर-वधू आदि से सम्बन्धित इस प्रकार के विज्ञापन समाचार-पत्र में प्रकाशित होते हैं।
7. **समाचार सूचना विज्ञापन**–समाचार सूचना विज्ञापन, विज्ञापन का अपेक्षाकृत नया रूप है। ऐसे विज्ञापनों को एडवरटोरियल भी कहा जाता है। इसमें विज्ञापन को इस प्रकार तैयार किया जाता है कि वह किसी समाचार की तरह ही लगता है। इसका प्रकाशन भी समाचारों की तरह ही समाचारों के बीच में किया जाता है।

विज्ञापन में क्या लिखना ज़रूरी होता है?

समाचार-पत्र एवं पत्रिकाओं में जो सजावटी विज्ञापन दिखाई देते हैं, उन्हें विज्ञापन लेखक तथा कलाकार या कम्प्यूटर डिज़ाइनर द्वारा मिलजुल कर तैयार किया जाता है। किसी भी विज्ञापन का लेआउट तैयार करने से पहले यह विचार किया जाता है कि विज्ञापन कैसा होना चाहिए? उसमें क्या दिखाया जाना चाहिए? और विज्ञापन रंगीन होने चाहिए या हाथ से बनायी गयी कला डिजाइन आदि। विज्ञापन का लेआउट तैयार करना एक पूरी योजना है जिसमें विज्ञापन के प्रत्येक तत्त्व को उपयुक्त जगह पर रखना होता है।

विज्ञापन लेआउट में निम्नलिखित तत्त्वों को चयनित किया जाता है–

1. **कॉपी**–किसी भी विज्ञापन में लिखी जाने वाली समस्त सामग्री को ही कॉपी कहा जाता है। अत: विज्ञापन के अन्य जितने भी तत्त्व हैं जैसे–शीर्षक, उपशीर्षक आदि सभी कॉपी के ही भाग हैं। कॉपी लेखन बड़ी कुशलता का काम है, एक

अच्छे कॉपी लेखक को उत्पाद, खरीदार, वितरण आदि के लिए कॉपी तैयार करनी होती है। उनकी अवस्था, धर्म, शिक्षा आदि सभी की जानकारी होनी चाहिए। इसके अलावा बाज़ार में और कितनी कम्पनियाँ उस उत्पाद को बेच रही हैं आदि की भी जानकारी होनी चाहिए। एक अच्छी कॉपी वह है जो संक्षिप्त हो, स्पष्ट हो और उपभोक्ता उसे पढ़कर आसानी से समझ सकें।

2. **शीर्ष पंक्ति**–हैडलाइन एक शब्द से वाक्य तक हो सकती हैं तथा इसे बड़े-बड़े अक्षरों में छापा जाता है। पाठक की नज़र सबसे पहले इसी पर पड़ती है। शीर्ष पंक्ति अपना सारा सन्देश एक ही नज़र में पाठक के मन पर छोड़ देती है शीर्ष पंक्ति इतनी प्रभावशाली होनी चाहिए कि पाठक को पूरा विज्ञापन पढ़ने की आवश्यकता ही न हो। जैसे–'नया रूप नयी काया।'
3. **उपशीर्ष पंक्ति**–यह एक प्रकार से शीर्ष पंक्ति की पूरक होती है। इनकी छपाई का आकार शीर्ष पंक्तियों से छोटा तथा विज्ञापन के अन्य सामग्री से बड़ा होता है। इसका कार्य शीर्ष पंक्ति के कार्य को आगे बढ़ाना होता है। जैसे–शीर्ष पंक्ति–बचाइए 1000/– तक उपशीर्ष पंक्ति–आप बस इतना करें अपने टीवी का ऑर्डर आज ही दे दें।
4. **विज्ञापन पाठ**–हेडलाइन तथा सब हेडलाइन से विज्ञापन की शुरुआती जानकारी ही प्राप्त होती है, पर उत्पाद के विषय में पूरी जानकारी देने तथा पाठक के मन पर असर डालने का कार्य विज्ञापन पाठ का होता है। यहाँ यह लिखा जाता है कि उस उत्पाद को क्यों और कैसे खरीदें? एक अच्छा विज्ञापन पाठ वह होता है जो पाठक यानी ग्राहक को ऐसी कार्रवाई के लिए मजबूर करें जिसकी अपेक्षा विज्ञापन लेखक ने की है। विज्ञापन पाठ में स्पष्टता निरन्तरता होनी चाहिए।
5. **चित्र**–चित्र विज्ञापन को आकर्षक बनाते हैं। साथ ही भाषा की कमी को भी पूरा करते हैं। इसलिए विज्ञापनों में चित्रों की लोकप्रियता और उनकी उपयोगिता सर्वमान्य है। चित्रों के माध्यम से उद्योगों के योग को समझाया जा सकता है। विज्ञापन कितना बड़ा हो उसमें क्या दिखाया जाये, यह सब इस बात पर निर्भर करता है कि विज्ञापनकर्ता किस उद्‌देश्य की पूर्ति के लिए विज्ञापन तैयार कर रहा है।
6. **व्यापारिक चिह्न**–ट्रेडमार्क वे होते हैं, जिनको कोई भी निर्माता कम्पनी अपनी पहचान के लिए विज्ञापन में इस्तेमाल करती है। ट्रेडमार्क रजिस्टर कराये जा सकते हैं और यह हर कम्पनी की निजी सम्पत्ति होते हैं। ट्रेडमार्क, ट्रेड नाम तथा ब्रांड नाम तीनों एक ही हो सकते हैं।

7. **हस्ताक्षर**–कोई भी कम्पनी अपने उत्पाद को नकली उत्पादकों से बचाने के लिए सिग्नेचर या लोगों का उपयोग विज्ञापनों में करती है। वस्तुत: ये व्यापारिक चिह्न होते हैं जिन्हें रजिस्टर भी कराया जा सकता है।
8. **सफेद जगह**–किसी विज्ञापन में जितना महत्त्व कॉपी और चित्र का होता है उतना ही महत्त्व खाली सफेद जगह का होता है। सफेद जगह के कंट्रास्ट में चित्र उभर कर आते हैं और यह एक सीमा में ही रखी जाती है। विज्ञापनकर्ता को इस खाली सफेद जगह की भी उतनी ही कीमत चुकानी पड़ती है।
9. **बॉर्डर**–विज्ञापनों के लेआउट को और आकर्षक बनाने के लिए विज्ञापन के चारों ओर बॉर्डर बनाये जाते हैं। बॉर्डर बन जाने से विज्ञापन आसपास के विज्ञापनों से अलग दिखाई देता है। बॉर्डर भी रचनात्मक बनाये जा सकते हैं, जैसे–चीनी मिल के विज्ञापन के बॉर्डर में गन्ने के छोटे-छोटे चित्र हो सकते हैं।

विज्ञापन लेखन के उद्देश्य बताइए?

विज्ञापन हमेशा ही 'लाभ' के उद्देश्य लेकर चलते हैं यों तो अधिकांशत: यह लाभ प्रस्तुतकर्ता को वस्तु के बेचने से होने वाला लाभ ही होता है, पर कभी-कभी जनजागरण, माहौल, सेवा के बारे में विचारधारा, सामाजिक बदलाव, वैचारिक उत्थान, सरकारी रीति-नीति का प्रचार, राजनीतिक लाभ आदि बृहद् उद्देश्यों के आधार पर भी विज्ञापन जारी किये जाते हैं।

विज्ञापन के उद्देश्य इस प्रकार हो सकते हैं :

- उन सभी सन्देशों का एक अंश प्रस्तुत करना जो उपभोक्ता पर प्रभाव डाल सकते हैं।
- विशेष छूट और मूल्य परिवर्तन की जानकारी देना, उपभोक्ता माँग में वृद्धि करना, खरीदने और अपनाने की प्रेरणा देना।
- वस्तुओं, कम्पनियों व संस्थाओं के प्रतिनिधि के रूप में प्रस्तुत होना।
- समाज की एक प्रतिनिधि संस्था के रूप में उद्योग प्रक्रिया का एक अभिन्न अंग होना।
- वस्तु की बिक्री बढ़ाने में प्रभावशाली भूमिका निभाना।
- एक प्रभावी मार्केटिंग औज़ार के तौर पर लाभकारी संगठनों और प्रबन्धकों को अपना उद्देश्य पूरा करने में सहायता करना।
- समाज की उभरती व्यावसायिक आवश्यकताओं को पूरा करना।

- व्यावसायिक तौर पर जारी सन्देशों के जरिये उपभोक्ताओं को लाभप्रद सम्बन्धित और निश्चित सूचना प्रदान करना।
- आर्थिक क्रिया को विभिन्न नियमों और कानूनों के अनुसार चलाना।
- विज्ञापन की विशेषताएँ क्या-क्या होती हैं?

विज्ञापन लेखन की विशेषताएँ नीचे दी गई हैं–

1. विज्ञापन सन्देश पहुँचाने का व्यापक माध्यम है, जिसके द्वारा सन्देश को बार-बार दोहराया जाता है।
2. विज्ञापन जनता के सामने सार्वजनिक रूप से सन्देश प्रस्तुत करने का साधन है।
3. विज्ञापन द्वारा एक ही सन्देश को विभिन्न प्रकार के रंगों, चित्रों, शब्दों, वाक्यों तथा लाइट से सुसज्जित कर जनता तक पहुँचाया जाता है, जो ग्राहक को स्पष्ट एवं विस्तृत जानकारी देता है।
4. विज्ञापन सदैव अव्यक्तिगत होता है अर्थात कभी कोई व्यक्ति आमने-सामने विज्ञापन नहीं करता। विज्ञापन मौखिक, लिखित, दृश्य तथा अदृश्य हो सकता है।
5. विज्ञापन के लिए विज्ञापनकर्ता भुगतान है।
6. विज्ञापन के विविध माध्यमों को विज्ञापनकर्ता अपनी सुविधानुसार उपयोग कर सकता है।
7. विज्ञापन का उद्देश्य नये ग्राहकों को जोड़ना तथा विद्यमान ग्राहकों को बनाये रखना होता है, जबकि गैर-व्यावसायिक विज्ञापनों का उद्देश्य सामान्य सूचना देना होता है।

रिपोर्ट लेखन/समीक्षा लेखन/तकनीकी लेखन

रिपोर्ट लेखन : रिपोर्ट एक दस्तावेज है जिसमें किसी विशेष विषय के बारे में डेटा, तथ्य और सांख्यिकी शामिल होती है। इस जानकारी के आधार पर, एक विस्तृत लेख प्रस्तुत किया जाता है, जिसे रिपोर्ट लेखन के रूप में जाना जाता है। रिपोर्ट लेखन का मुख्य आधार तथ्यात्मक जानकारी का उपयोग करके उससे अर्थ निकालना है। इसका उपयोग स्कूलों, संगठनों, मीडिया, कम्पनियों आदि द्वारा विभिन्न तरीकों से किया जाता है। शैक्षणिक रूप से, इसका उपयोग किसी घटना, किसी कार्यक्रम या किसी स्कूल से सम्बन्धित मामलों की रिपोर्ट करने के लिए किया जाता है। संगठन और क़म्पनियाँ इसका उपयोग कर्मचारियों, छुट्टियों, प्रदर्शन और बहुत कुछ के बारे में डेटा बनाये रखने के लिए करती हैं। मीडिया इसका उपयोग सूचना, तथ्य,

स्टिंग प्रस्तुत करने, जनता की नज़र में गलत को सामने लाने, घटनाओं की रिपोर्ट करने और बहुत कुछ करने के लिए करता है। ऐसे कई क्षेत्र हैं जहाँ एक रिपोर्ट का उपयोग किया जा सकता है।

अब जब आप जान गये हैं कि रिपोर्ट क्या होती है, तो आइए हम गहराई से समझें कि रिपोर्ट लेखन क्या होता है।

रिपोर्ट लेखन क्या है?

रिपोर्ट लेखन का मतलब है उपलब्ध जानकारी को विस्तृत और अच्छी तरह से समझे जाने वाले तरीके से औपचारिक रूप से प्रस्तुत करना। रिपोर्ट हमेशा अपने लहजे, भाषा और प्रस्तुति में औपचारिक होनी चाहिए। यह एक विश्वसनीय जानकारी है क्योंकि यह तथ्यों और आँकड़ों से ली गयी है। परीक्षा के दृष्टिकोण से कक्षा 10वीं और 12वीं के छात्रों के लिए रिपोर्ट लेखन महत्त्वपूर्ण है। न केवल अकादमिक रूप से, बल्कि रिपोर्ट लेखन जीवन-भर काम आता है। इसलिए छात्रों के लिए यह जानना महत्त्वपूर्ण है कि रिपोर्ट कैसे लिखी जाती है और रिपोर्ट लेखन के प्रारूपों पर अपडेट रहना भी उतना ही महत्त्वपूर्ण है।

रिपोर्ट लेखन के तत्त्व

जैसा कि पहले ही बताया जा चुका है, रिपोर्ट एक विस्तृत जानकारी होती है या एक रिपोर्ट को अपनी प्रकृति में अच्छा बनाने के लिए, उसमें कई कारकों को शामिल किया जाना चाहिए। इसलिए यह जानना महत्त्वपूर्ण है कि रिपोर्ट बनाने में क्या-क्या शामिल होता है।

- **शीर्षक पृष्ठ**–शीर्षक पृष्ठ संक्षिप्त, संक्षिप्त और विशिष्ट होना चाहिए, जो यह बताये कि रिपोर्ट किस बारे में है।
- **विषय-सूची**–यह उन विषयों की सूची है जिन्हें उपयोगकर्ता रिपोर्ट में पा सकते हैं। साथ ही उनके सम्बन्धित पृष्ठ संख्या का उल्लेख भी होता है।
- **सारांश**–किसी रिपोर्ट का सारांश पाठक को यह बताता है कि उस रिपोर्ट का निर्माण किस प्रकार किया गया है तथा उपयोगकर्ता इससे क्या सीख सकते हैं।
- **परिचय**–परिचय पाठकों को रिपोर्ट का संक्षिप्त विवरण देता है। यह संक्षेप में बताता है कि रिपोर्ट किस बारे में है।

- **चर्चा**–इसमें रिपोर्ट का मुख्य भाग शामिल होता है। इसमें मुख्य शीर्षक का विस्तार से वर्णन किया जाता है और तथ्यों और आँकड़ों के आधार पर कई तर्क प्रस्तुत किये जाते हैं।
- **निष्कर्ष**–निष्कर्ष पूरी रिपोर्ट का सारांश है। इसमें हर सम्भव कोण से तर्क प्रस्तुत किये गये हैं।
- **सिफारिशें**–सिफारिशें रिपोर्ट में उल्लिखित समस्याओं/मुद्दों के लिए सम्भावित समाधान प्रस्तुत करती हैं।
- **परिणाम**–इसमें आपकी रिपोर्ट में मौजूद आँकड़ों से निकाले गये निष्कर्ष शामिल होते हैं। यह सम्भावित परिणाम भी दे सकता है, जो भविष्य की गतिविधियों का हिस्सा हो सकता है।
- **सन्दर्भ**–चूँकि रिपोर्ट मात्र तथ्यों के आधार पर प्रस्तुत की जाती है, इसलिए यह साबित करने के लिए कि रिपोर्ट प्रामाणिक है और गढ़ी हुई नहीं है, अपनी जानकारी के सभी स्रोतों का उल्लेख करना महत्त्वपूर्ण है।

रिपोर्ट लेखन के प्रकार

रिपोर्ट विभिन्न लोगों द्वारा विभिन्न उद्देश्यों के लिए लिखी जाती हैं। प्रत्येक रिपोर्ट अपनी सामग्री, उद्देश्य और तथ्यों के कारण अपने प्रकार में भिन्न होती है। उसे लेखन के अवसर के आधार पर औपचारिक या अनौपचारिक रिपोर्ट के रूप में वर्गीकृत किया जा सकता है। रिपोर्ट के कुछ सबसे सामान्य प्रकार इस प्रकार हैं–

- वार्षिक रिपोर्ट
- साप्ताहिक रिपोर्ट
- शैक्षणिक रिपोर्ट
- शोध रिपोर्ट
- बिक्री और विपणन रिपोर्ट
- परियोजना रिपोर्ट
- समाचार-पत्र की रिपोर्ट
- पत्रिका-रिपोर्ट

रिपोर्ट लेखन के चरण

रिपोर्ट लेखन के मुख्यतः पाँच चरण हैं–

- **योजना बनाना**–रिपोर्ट लिखने की प्रक्रिया में सबसे महत्त्वपूर्ण और सबसे महत्त्वपूर्ण कदम योजना बनाना है। एक स्पष्ट रूप से तैयार की गयी योजना आपके काम को आसान बनाने, सहयोग करने और समय पर पूरा करने में मदद करती है। योजना बनाना आपको बता सकता है कि रिपोर्ट में क्या-क्या शामिल होना चाहिए, किस क्रम में और किस हद तक।
- **सूचना का संग्रह**–रिपोर्ट लेखन की प्रक्रिया में यह एक महत्त्वपूर्ण कदम है। चूँकि रिपोर्ट को तथ्यात्मक जानकारी द्वारा समर्थित होना चाहिए, इसलिए प्रामाणिक और विश्वसनीय स्त्रोतों से जानकारी एकत्र करना कठिन कार्य है। छात्रों को हमेशा अपनी सूचना के स्त्रोतों के बारे में सावधान रहना चाहिए। गलत स्त्रोत, गलत निष्कर्ष और गलत जानकारी की प्रस्तुति की ओर ले जा सकते हैं।
- **सूचना का संगठन**–अगला चरण है अपनी सूचना को व्यवस्थित करना। जब भी कोई रिपोर्ट अपने आरम्भिक चरण में होती है, तो लेखक के पास सूचना का अतिभार होता है, जो विश्वसनीय होने के साथ-साथ अविश्वसनीय भी होती है। सूचना को प्रासंगिकता, आवश्यकता और प्रामाणिकता के अनुसार परिष्कृत किया जाना चाहिए। परिष्कृत करने के बाद, इसे ऐसे क्रम में प्रस्तुत किया जाना चाहिए, जो पाठकों के लिए समझने योग्य और आकर्षक हो।
- **पहला मसौदा**–जानकारी एकत्रित, परिष्कृत और व्यवस्थित करने के बाद, जानकारी प्रस्तुत करने का समय आता है। अब वास्तविक भाग आता है, जहाँ सभी मौजूदा जानकारी का उपयोग करके एक रिपोर्ट लिखी जाती है। इसे ऐसे तरीके से तैयार किया जाना चाहिए, जो समझने में आसान, तथ्यात्मक और औपचारिक हो।
- **प्रूफ़ रीड**–किसी भी व्याकरण सम्बन्धी त्रुटि, वर्तनी सम्बन्धी त्रुटि, लेखन सम्बन्धी त्रुटि, विराम चिह्नों का सही जगह उपयोग करने के लिए रिपोर्ट को प्रूफ़ रीड करना जरूरी है। रिपोर्ट को पूरी तरह से जाँचने के बाद ही सार्वजनिक किया जाना चाहिए।

रिपोर्ट लेखन के उदाहरण

मान लीजिए, किसी परीक्षा में किसी छात्र को हिमाचल प्रदेश के किन्नौर जिले में हुई एक घटना पर रिपोर्ट लिखने को कहा जाता है। शहर में एक कार दुर्घटना में पांच लोगों की मौत हो गयी। रिपोर्ट के अनुसार, सभी पाँचों गम्भीर रूप से घायल

थे और अस्पताल पहुँचने के एक घण्टे बाद मृत हो गयी। दुर्घटना के 20 मिनट बाद उन्हें पास के सरकारी अस्पताल ले जाया गया। घटना सुबह 5 बजे हुई। दुर्घटना के कारण ट्रैफिक जाम हो गया, जिसके बाद लोगों को परेशानी हुई।

रिपोर्ट लेखन के लिए सुझाव

- अपनी रिपोर्ट की योजना बनायें।
- यदि आवश्यक हो तो प्राधिकारियों से उद्धरण लें।
- अपनी जानकारी के लिए विश्वसनीय स्रोतों का उपयोग करें।
- प्रस्तुति/प्रकाशन से पहले प्रूफरीड करें।
- रिपोर्ट के उद्देश्य पर अडिग रहें।
- छोटे और सरल वाक्यों का प्रयोग करें।
- प्रारूप पर टिके रहें।
- औपचारिक लहजे और लेखन शैली का प्रयोग करें।
- अच्छी तरह से शोध करें।
- सक्रिय आवाज़ का प्रयोग करें।

रिपोर्ट लेखन के लिए विषय

रिपोर्ट कई तरह के विषयों पर लिखी जा सकती है। यहाँ छात्रों के लिए कुछ विषय दिये गये हैं।

- विज्ञान और प्रौद्योगिकी
- शिक्षा
- स्वास्थ्य
- सामाजिक मुद्दे
- इंटरनेट
- पर्यावरणीय खतरे, जलवायु परिवर्तन, प्रदूषण
- संस्कृति और परम्पराएँ
- समाचार/ब्रेकिंग/ट्रेंडिंग
- शिखर सम्मेलन/सम्मेलन
- अन्तरराष्ट्रीय एवं राष्ट्रीय विवाद
- यात्रा
- खाना।

निष्कर्ष

निष्कर्ष के तौर पर, रिपोर्ट लिखने की कला जानना हर किसी के लिए ज़रूरी है क्योंकि यह जीवन में हर व्यक्ति के लिए उपयोगी होने जा रहा है। रिपोर्ट लिखना एक कठिन काम है और इसके लिए लेखन, शोध, डिजाइनिंग, प्रस्तुति और संगठन जैसे कई कौशल की आवश्यकता होती है। कॉर्पोरेट जगत में, रिपोर्ट नयी पहलों के लिए आधार का काम करती हैं, जो किसी कम्पनी का विकास करती हैं। आजकल, कम्पनियाँ भारी शोध के आधार पर उनके लिए रिपोर्ट बनाने के लिए एजेंसियों का सहयोग लेती हैं। इस प्रकार, यह हर व्यक्ति द्वारा सीखा जाने वाला एक उपयोगी कौशल है।

समीक्षा लेखन

समीक्षा लेखन क्या है?

समीक्षा, 'सम् + ईक्षा' के मेल से बना है, ये शब्द। यहाँ सम् से मतलब है–पूरी तरह से और ईक्षा अर्थात् देखना, विचारना, देखने की क्रिया, दृष्टि या नज़र।

इस तरह समीक्षा का शाब्दिक अर्थ है–छान-बीन या जाँच-पड़ताल करने के लिए किसी वस्तु या बात को अच्छी तरह से देखने की क्रिया अर्थात अच्छी तरह और ध्यानपूर्वक देखना या परीक्षण करना।

साहित्य लेखन के अन्तर्गत समीक्षा लेखन से तात्पर्य है–

- ग्रन्थों, लेखों आदि के गुण दोषों का विवेचन
- समालोचन रिव्यू

किसी पुस्तक (कथा, उपन्यास, नाटक, संस्मरण आदि) को पढ़ने के बाद उसके विषय में बताना उस पुस्तक की समीक्षा कहलाता है और उस पर लिखे विचार को ही समीक्षा लेखन कहते हैं। पुस्तकों और टीवी कार्यक्रमों की समीक्षाएँ महत्त्वपूर्ण होती हैं। मान लीजिए, यदि आप कोई शो नहीं देख पाये या कोई पुस्तक नहीं पढ़ पाये तो उस पर लिखी गयी समीक्षा पढ़कर आप उसके बारे में जान सकते हैं और निर्णय ले सकते हैं कि अगली बार उसे देखा जाये या नहीं।

पुस्तक समीक्षा से ही पाठक किसी पुस्तक को पढ़ने या न पढ़ने के लिए प्रेरित होते हैं।

किसी पुस्तक के लेख, कहानी, उपन्यास, नाटक, संस्मरण पर समीक्षक की जो प्रतिक्रिया होती है; वह अच्छी या खराब हो सकती है। इसे पुस्तक समीक्षा में

ईमानदारी से बताया जाता है। पुस्तक समीक्षा से पाठकों को पुस्तक के विभिन्न पहलुओं की जानकारी मिलती है।

1. समीक्षा लेखन में लेखक के कार्य और उसके मूल्यांकन का गहन विश्लेषण होना चाहिए।
2. लेखन के उद्देश्य के आधार पर, विभिन्न शैलियों का उपयोग किया जा सकता है।
3. समीक्षा एक निश्चित स्वर में एक निश्चित योजना के अनुसार लिखी जाती है।

समीक्षा लेखन के उदाहरण–

यहाँ पुस्तक समीक्षा लेखन को तीन वर्गों में विभाजित करके देख सकते हैं–

- **परिचयात्मक समीक्षा**–इसमें पुस्तक का सिर्फ सामान्य परिचय दिया जाता है।
- **विश्लेषणात्मक समीक्षा**– विश्लेषणात्मक समीक्षा में पुस्तक में जिस विषय का वर्णन किया जाता है। उसका विश्लेषण भी होता है।
- **मूल्यांकन समीक्षा**–इसमें आलोचनात्मक और तुलनात्मक मूल्यांकन पर जोर दिया जाता है और उसी विषय पर लिखी गयी दूसरी पुस्तकों से तुलना भी की जाती है।

समीक्षा करने के लिए कई बुनियादी सिद्धान्त होते हैं–

- इस शैली में पाठ के गहन विश्लेषण, काम की सामग्री के सन्दर्भ में तर्क और इसके मुख्य विचार के बारे में संक्षिप्त निष्कर्ष की विशेषता है।
- विश्लेषण की गुणवत्ता समीक्षक के स्तर और क्षमताओं पर निर्भर करती है।
- समीक्षक को भावनात्मक रूप से रंगीन प्रतिकृतियों का उपयोग किये बिना अपने विचारों को तर्कसंगत और तार्किक रूप से व्यक्त करना चाहिए।
- समीक्षा के लेखक के लिए जरूरी है–प्रस्फुटन, उच्च स्तर की तैयारी, भाषा संस्कृति, विश्लेषणात्मक सोच।

पुस्तक समीक्षा का प्रारूप–

वैसे तो पुस्तक समीक्षा लिखने के लिए इसका कोई निश्चित तरीका नहीं है, फिर भी इसके कुछ बिन्दु होते हैं, जिससे अच्छी पुस्तक समीक्षा लिखी जा सकती है–

1) पुस्तक से सम्बन्धित संक्षेप में वाक्य लिखना चाहिए–

- पुस्तक की पूरी कहानी को नहीं लिखना चाहिए। इसे बस संक्षिप्त रूप में बताया जाये, पाठक उसकी कल्पना कर सके इतना अवश्य छोड़ देना चाहिए।

- पुस्तक में जितनी भी घटनाएँ होती हैं, उसका विस्तार से वर्णन नहीं करना चाहिए।
- समीक्षा करते समय इस बात का भी उल्लेख किया जा सकता है कि पुस्तक की शृंखला की अन्य पुस्तकों को पढ़ना आवश्यक है जिससे पुस्तक को आनन्दपूर्वक पढ़ा जा सके।
- पुस्तक में आप किस बात से अधिक प्रभावित हुए, यह बताना आवश्यक है। आप पुस्तक में किस चीज़ से ज्यादा प्रभावित हुए या आपको जो भी आकर्षक लगा था, उसका उल्लेख करें। वह विषय वस्तु, पात्र या कथानक कुछ भी हो सकता है या और कोई दूसरी चीज़ भी हो सकती है।
- पुस्तक के विषय में खुद से ही कुछ प्रश्न किया जा सकता है और उसके उत्तरों पर आधारित पुस्तक समीक्षा लिखी जा सकती है।

प्रश्न इस प्रकार के किये जा सकते हैं–

- पुस्तक में आपको किस पात्र ने ज्यादा प्रभावित किया और आपको कौन-सा पात्र पसन्द आया और क्यों?
- पुस्तक ने आपको हँसाया या रुलाया था?
- क्या पात्र आपको वास्तविक लगे थे?
- दृश्य किस तरह लिखे गये थे? दृश्य किस प्रकार के थे? जैसे–रहस्यात्मक दृश्य, रोमांटिक दृश्य, आनन्द पूर्ण दृश्य आदि।
- आप संवाद से प्रेरित हुए थे?
- किस प्रकार की शब्दावली का प्रयोग किया गया था?
- पुस्तक में जो चीज़ आपको पसन्द नहीं आयी थी, उस चीज़ का उल्लेख करें।

पुस्तक में आपको बहुत से अंश पसन्द आये होंगे, लेकिन पुस्तक के बहुत से अंश ऐसे भी हो सकते हैं जिसने आपको प्रभावित नहीं किया हो; जिसमें कहानी की शुरुआत, कहानी का अन्त, विषय-वस्तु, पत्रों का व्यवहार कुछ भी हो सकता है, इसका वर्णन करें।

2) पुस्तक-समीक्षा का समापन अवश्य करें–

- पुस्तक समीक्षा का समापन सबसे महत्त्वपूर्ण भाग होता है।
- समापन इस तरह से करना है कि पुस्तक पाठकों को किस तरह से आकर्षित करे, क्योंकि इसमें युवा पाठक, वयस्क पाठक या वृद्ध पाठक भी हो सकते हैं।

- आप इस पुस्तक की किसी और पुस्तक से तुलना करते हैं, तो उसे भी सम्मिलित कर लीजिए।

3) पुस्तक का मूल्यांकन करें–

अन्ततः आप पुस्तक का मूल्यांकन कर सकते हैं। जैसे इसे स्कोर दे सकते हैं। इससे पाठकों को लगेगा कि पुस्तक को पढ़ना चाहिए या नहीं।

समीक्षा लेखन के कुछ उदाहरण–

- **पुस्तक समीक्षा**–

सूर्यनाथ सिंह की 'कहो कहानी' की समीक्षा

सूर्यनाथ सिंह जी की पुस्तक 'कहो कहानी' हाल में प्रकाशित हुई है। मैंने उसकी सभी कहानियाँ पढ़ी हैं। पुस्तक में ऐसी कहानियाँ हैं जो दस से पन्द्रह वर्ष के पाठकों की रुचि के अनुसार लिखी गयी है। वैज्ञानिक विषय की कहानियों में कल्पनाएँ अधिक होती हैं और तथ्य कम। जैसे चन्द्रमा में ऑक्सीजन और पानी के अभाव में मानव बस्ती की कल्पना अविश्वसनीय है। कुछ भूत कथाएँ रोमांचक भी हैं। इन्दौर का भूत ऐसी ही कथा है, जिसमें अन्त तक रहस्य बना रहता हैं। सूर्यनाथ सिंह की इस पुस्तक की सबसे बड़ी विशेषता इसकी गठी हुई कथावस्तु और प्रवाहमयी भाषा है। कुल मिलाकर पुस्तक पढ़ने योग्य है।

- **फ़िल्म समीक्षा**–

हाल में रिलीज हुई फ़िल्म 'मेरा गाँव' बहुत अच्छी है। इसकी लोकप्रियता ने सभी आँकड़े तोड़ दिये हैं। नामी-गिरामी सितारों के बिना इतनी आकर्षक फ़िल्म देखकर दाँतों तले उँगली दबानी पड़ती है। कथानक भारतीय गाँव का परिवेश है, पर वहाँ के लोग जागरूक हैं। वे अपनी सभ्यता-संस्कृति और अपना स्वयं का महत्त्व भी जानते हैं। फ़िल्म का छायांकन, गीत और संगीत बहुत मधुर और लोकप्रिय है। भारत के किसी गाँव में ही पूरी फ़िल्म की शूटिंग हुई है और जगह भी कम बदली गयी है। अतः इस फ़िल्म की लागत भी कम आयी होगी।

- **टीवी कार्यक्रम**–

शनिवार की शाम टी.वी. पर एक कार्यक्रम था–रूपकुण्ड। मुझे हिमालय से जुड़ी बातों में बहुत रुचि है–खासकर उसकी संस्कृति और एडवेंचर पर प्रारम्भ अच्छा था। हिमालय की हरियाली, ऊँचे पहाड़, पहथरीले, बर्फीले पहाड़, गहरी घाटियाँ,

दुर्गम रास्ते बहुत ही मनमोहक लगे। फोटोग्राफी और वर्णन में अच्छा तालमेल था। बीच-बीच में नन्दा देवी और उससे जुड़ी लोक कथाओं तथा विश्वासों की चर्चा थी। लेकिन जल्द ही महसूस हुआ कि सूत्रधार पुरातन कथाओं और विश्वासों पर अधिक बल दे रहा है और उन्हें तर्क की कसौटी पर नहीं कस रहा है। दुर्गम चढ़ाई में अपने दल के साहस का बखान तो बार-बार कर रहा है लेकिन वहाँ के निवासियों के जीवन की बात नहीं कर रहा, जो सदियों से उन दुर्गम क्षेत्रों में जीवन व्यतीत कर रहे हैं। रूपकुण्ड पहुँचने पर बार-बार कैमरा दो-चार दृश्यों को ही दुहरा रहा था। जो भी जानकारियाँ दी जा रही थीं, वे सामान्य थीं और बार-बार दोहराने से उबाऊ प्रतीत हो रही थीं।

तकनीकी लेखन–

तकनीकी लेखन क्या है?

तकनीकी लेखन एक ऐसा क्षेत्र है जिसमें डेवलपर्स से ग्राहकों तक जटिल जानकारी पहुँचाने के लिए दस्तावेज़ बनाना शामिल है। पारम्परिक परिभाषा के अनुसार, तकनीकी लेखन में विशेष रूप से पेशेवर दर्शकों के लिए दस्तावेज़ बनाना शामिल है, जैसे शोध पत्र, प्रोग्रामिंग, दिशानिर्देश और मरम्मत मैनुअल। हालाँकि इस क्षेत्र का विस्तार तकनीकी रिपोर्ट, कार्यकारी सारांश और संक्षिप्त विवरण सहित सभी प्रकार के दस्तावेज़ीकरण को शामिल करने के लिए किया गया है।

एक तकनीकी लेखक जटिल जानकारी को सरल बनाने के लिए जिम्मेदार होता है, जिसमें विभिन्न प्रकार के उपकरण जैसे चित्र, वीडियो और चरण-दर-चरण निर्देश का उपयोग कर आसानी से समझ में आने वाले प्रारूप में जानकारी को सरल बनाया जाता है। इसका लक्ष्य ऐसा दस्तावेज़ीकरण तैयार करना है जो उपयोगकर्ताओं को स्पष्ट दिशा और निर्देश प्रदान करता है, जिससे वे बिना किसी जटिलता के किसी उत्पाद या सेवा को सीख सकें, समझ सकें और उसका उपयोग कर सकें।

चाहे वह उपयोगकर्ता मैनुअल हो, इंस्टॉलेशन गाइड हो या समस्या निवारण दस्तावेज़, तकनीकी लेखन के लिए सटीकता, विवरण पर ध्यान और विषय वस्तु की गहरी समझ की आवश्यकता होती है। एक कुशल तकनीकी लेखक अत्यधिक तकनीकी जानकारी ले सकता है और इसे ऐसे प्रारूप में अनुवाद कर सकता है, जो दर्शकों के लिए व्यापक सुलभ और समझने योग्य हो।

तकनीकी लेखन सिद्धान्त

तकनीकी लेखक दस्तावेज़ तैयार करते समय कुछ सिद्धान्तों का पालन करते हैं। इन सिद्धान्तों में शामिल हैं–

- सामग्री की गुणवत्ता
- श्रोता
- उद्देश्य
- सरल उपयोग
- व्याकरण
- लेखन शैली

सफल होने के लिए अनुसरण करने योग्य नियम

एक अच्छा तकनीकी लेखक बनने के लिए सिर्फ़ लेखन कौशल से ज़्यादा की ज़रूरत होती है। आपके पास बेहतरीन संचार कौशल होना चाहिए और जटिल अवधारणाओं को स्पष्ट और संक्षिप्त तरीके से व्यक्त करने में सक्षम होना चाहिए। तकनीकी दस्तावेज़ तैयार करते समय, कई महत्त्वपूर्ण कारकों को ध्यान में रखना ज़रूरी है।

सबसे पहले, सुनिश्चित करें कि आपको विषय से सम्बन्धित सभी तथ्यों और विवरणों की पूरी समझ है। इससे आप दस्तावेज़ की योजना और संरचना को प्रभावी ढंग से बना पायेंगे। ऐसा करते समय, अन्तिम उपयोगकर्ता को ध्यान में रखना और इस बात पर विचार करना महत्त्वपूर्ण है कि वे दस्तावेज़ के साथ कैसे बातचीत करेंगे।

ग्राफ़िक्स का उपयोग समझ और जुड़ाव को बढ़ाने का एक प्रभावी तरीका हो सकता है, लेकिन उन्हें उचित और संयम से उपयोग करना महत्त्वपूर्ण है। इसके अतिरिक्त, सरल भाषा का उपयोग करना और शब्दजाल से बचना, यह सुनिश्चित करने में मदद करेगा कि दस्तावेज़ व्यापक श्रेणी के दर्शकों के लिए सुलभ हो।

हालाँकि तकनीकी लेखन आमतौर पर रचनात्मक लेखन से जुड़ा नहीं होता है, फिर भी दस्तावेज़ को रोमांचक और आकर्षक बनाना महत्त्वपूर्ण है। यह तकनीकी विषय पर टिके रहने, स्पष्ट उद्देश्य रखने, ठोस जानकारी और डाटा देने, वस्तुनिष्ठ लहजे को बनाये रखने, संक्षिप्त रहने और दिशा बनाये रखने से हासिल किया जा सकता है।

अन्त में दस्तावेज़ में उपयोग किये गये किसी भी योगदानकर्ता या सूचना के

स्रोतों का उचित रूप से उल्लेख करना महत्त्वपूर्ण है। इन दिशानिर्देशों का पालन कर, आप प्रभावी तकनीकी दस्तावेज़ बना सकते हैं, जो जटिल अवधारणाओं को स्पष्ट और संक्षिप्त तरीके से व्यक्त करता है।

समर्थित उद्योग

तकनीकी लेखक कई उद्योगों को समर्थन देते हैं जैसे–

- अभियान्त्रिकी
- सॉफ़्टवेयर
- भारी मशीनरी
- एयरोस्पेस/विमानन
- इलेक्ट्रॉनिक
- स्वास्थ्य देखभाल
- शिक्षा

तकनीकी लेखन दस्तावेज़ के प्रकार

तकनीकी लेखन में विभिन्न प्रकार के दस्तावेज़ शामिल होते हैं, जो उपयोगकर्ताओं को किसी उत्पाद या सेवा को समझने और संचालित करने में मदद करते हैं। तकनीकी लेखक अपनी विशेषज्ञता का उपयोग स्पष्ट, संक्षिप्त और आसानी से समझ में आने वाले दस्तावेज़ बनाने के लिए करते हैं, जो उपयोगकर्ताओं को बिना किसी कठिनाई के उत्पाद का उपयोग करने में मदद करते हैं। तकनीकी लेखन दस्तावेज़ के विभिन्न प्रकार हैं, जिनमें शामिल हैं–

- **अन्तिम उपयोगकर्ता दस्तावेज़ीकरण :** इस प्रकार का दस्तावेज़ीकरण तकनीकी शब्दों को आसानी से समझ में आने वाली सामग्री में विभाजित करके ग्राहकों को उत्पाद को समझने और उसका उपयोग करने में मदद करता है। अन्तिम उपयोगकर्ता दस्तावेज़ों के उदाहरणों में उपयोगकर्ता सहायता मार्गदर्शिकाएँ, उत्पाद मैनुअल, असेंबली दिशानिर्देश और तकनीकी पुस्तकें शामिल हैं।
- **चिकित्सा दस्तावेज़ीकरण :** इस प्रकार का लेखन चिकित्सा अनुसन्धान, निदान और उपचार से सम्बन्धित है। चिकित्सा दस्तावेज़ीकरण को सटीक, व्यवस्थित और विस्तृत होना चाहिए, जिसमें सर्वश्रेष्ठ चिकित्सा दस्तावेज़ीकरण सॉफ़्टवेयर का उपयोग किया जाता है। इन दस्तावेज़ों का उपयोग चिकित्सकों द्वारा प्रक्रियाओं और परिणामों को समझने के लिए सीखने के संसाधन के रूप में किया जाता है।

- **पारम्परिक दस्तावेज़ीकरण :** तकनीकी लेखक इन दस्तावेज़ों को उस क्षेत्र के विशेषज्ञों के लिए विकसित करते हैं, जिसके बारे में दस्तावेज़ है। इन दस्तावेज़ों में सॉफ़्टवेयर उपयोगकर्ता मैनुअल, कैसे करें निर्देश, संचालन और रखरखाव मैनुअल और मानक संचालन प्रक्रियाएँ शामिल हैं।
- **केस स्टडीज़ :** इन अध्ययनों का उपयोग यह दिखाने के लिए किया जाता है कि कोई विशेष उत्पाद किसी व्यवसाय की किस तरह से मदद करता है। संगठन लिखेगा कि यह उत्पाद या सेवा किस तरह से एक बड़ा लाभ था जिसने कम्पनी को अपने व्यावसायिक लक्ष्यों तक पहुँचने में मदद की। केस स्टडीज़ के उदाहरणों में प्रशंसा-पत्र या ग्राहक समीक्षाएँ शामिल हैं।

तकनीकी लेखक को किन ग़लतियों से बचना चाहिए

एक तकनीकी लेखक के रूप में, तकनीकी दस्तावेज़ बनाते समय इन तकनीकी लेखन गलतियों से बचने की कोशिश करना ज़रूरी है। इन ग़लतियों में शामिल हैं–

- अपर्याप्त रूप से परिभाषित विषय
- लम्बे वाक्य और बड़े शब्द
- बिखरा हुआ पृष्ठ लेआउट
- अपर्याप्त सामग्री
- असंगत स्वर

शीर्ष तकनीकी लेखन उपकरण

ऐसे कई सॉफ़्टवेयर उपकरण हैं, जिनका उपयोग तकनीकी लेखक ग्राहक के लिए विकसित करने के लिए करेगा। ये उपकरण लेखन, सम्पादन, चित्रण, समीक्षा और पुनर्लेखन में सहायता करते हैं। उपलब्ध उपकरणों की एक नमूना सूची में शामिल हैं :

- **गूगल डॉक्स**

  मोबाइल फोन से दस्तावेजों पर सहयोग करने के लिए गूगल डॉक्स का उपयोग तेजी से बढ़ रहा है।

- **Snagit**

  एक स्क्रीन कैप्चर और स्क्रीन रिकॉर्डिंग सॉफ्टवेयर, जिसका उपयोग फीडबैक देने, प्रशिक्षण देने या दूसरों को कोई कार्य करने का तरीक़ा सिखाने के लिए किया जा सकता है।

- **विज़ियो**

  माइक्रोसॉफ्ट विज़ियो का उपयोग डिज़ाइन फ़्लोचार्ट, आर्किटेक्चरल आरेख, सॉफ़्टवेयर उत्पाद डिज़ाइन, सर्किट आदि बनाने के लिए किया जाता है। सॉफ्टवेयर IEEE अनुरूप है और UML (यूनिफाइड मॉडलिंग लैंग्वेज) और BPMN (बिजनेस प्रोसेस मॉडल और नोटेशन) जैसे सॉफ्टवेयर उद्योग मानकों के अनुरूप है।

- **फोटोशॉप**

  एक बहुत लोकप्रिय छवि सम्पादन उपकरण है, जो वेब पेजों, बैनर विज्ञापनों और वीडियो ग्राफिक्स के लिए छवियाँ बनाता और सम्पादित करता है।

- **मैडकैप फ्लेयर**

  मैडकैप फ्लेयर का उपयोग दस्तावेज़ निर्माण और सीखने और विकास कार्यक्रमों को सुव्यवस्थित करने के लिए किया जाता है। तकनीकी लेखकों के लिए पसन्दीदा विषय-आधारित लेखन उपकरणों में से एक।

- **एडोब फ्रेममेकर**

  100% DITA अनुरूप XML फ्रेमवर्क के साथ संरचित दस्तावेज़ तैयार करने के लिए उपयोग किया जाता है।

- **Wordpress**

  इस सॉफ्टवेयर का उपयोग ब्लॉग के रूप में तकनीकी दस्तावेज़ बनाने के लिए किया जाता है। वर्डप्रेस पर लिखे गये ब्लॉग को कम्पनी की वेबसाइट में एकीकृत किया जा सकता है।

तकनीकी लेखक कैसे बनें?

तकनीकी क्षेत्रों के कुछ उदाहरण जिनमें तकनीकी लेखन कौशल की आवश्यकता हो सकती है, उनमें कम्प्यूटर अनुप्रयोग, इलेक्ट्रॉनिक्स, चिकित्सा अवधारणाएँ और प्रक्रियाएँ और हार्डवेयर विनिर्देश शामिल हैं जिनमें अक्सर DITA तकनीकी लेखन शामिल होता है। इन विषयों के बारे में सटीक और व्यापक जानकारी तैयार करने के लिए, तकनीकी लेखकों को विषय वस्तु विशेषज्ञों से परामर्श करने या व्यापक शोध करने की आवश्यकता हो सकती है।

यदि आप तकनीकी लेखन में अपना कॅरियर बनाने में रुचि रखते हैं, तो मजबूत तकनीकी लेखन कौशल विकसित करना महत्त्वपूर्ण है। आप तकनीकी लेखन

पाठ्यक्रम लेने या तकनीकी दस्तावेज़ बनाने का अनुभव प्राप्त करने के अवसरों की तलाश करने पर विचार कर सकते हैं। कौशल और विशेषज्ञता के सही संयोजन के साथ, तकनीकी लेखक यह सुनिश्चित करने में महत्त्वपूर्ण भूमिका निभा सकते हैं कि जटिल तकनीकी जानकारी दर्शकों की एक विस्तृत शृंखला के लिए सुलभ और समझने योग्य हो।

सारांश

तकनीकी लेखक बनना बहुत फायदेमन्द हो सकता है और चूँकि इसमें काम करने के लिए बहुत सारे अवसर हैं, इसलिए उस क्षेत्र को चुनना आसान होना चाहिए, जो आपकी प्रतिभा को प्रदर्शित करने का एक शानदार अवसर होगा।

तकनीकी लेखन उन क्षेत्रों में से एक है जिसमें रचनाकार ग्राहकों और संगठनों के लिए अद्भुत उत्पाद तैयार कर सकते हैं। ये उत्कृष्ट उत्पाद उपयोगकर्ता के लिए फायदेमन्द होते हैं, ताकि वे जटिल जानकारी को समझ सकें और उत्पाद या सेवा का कुशलतापूर्वक उपयोग कर सकें।

रिपोर्ट लेखन : खेल और कला

खेल : खेल रिपोर्टिंग खेल पत्रकारिता के दायरे में आती है, जो ऑनलाइन और प्रिंट प्रकाशनों दोनों के लिए लिखित रूप में होती है। खेल रिपोर्टर :

- पूरे सत्र में किसी टीम या खेल का अनुसरण करें, खिलाड़ियों और कोचों के बारे में लेख लिखें।
- खेलों का सटीक सारांश लिखें, जो प्रकाशन के आधार पर या तो तुरन्त या अगले दिन प्रकाशित किया जाये।
- सटीक समाचार देने के लिए आवश्यकतानुसार प्रबन्धकों, खिलाड़ियों और यहाँ तक कि टीम मालिकों/प्रतिनिधियों का साक्षात्कार लें।
- कभी-कभी वे खेलों के दौरान की तस्वीरें या लघु वीडियो लेते हैं, ताकि उन्हें अपने लेखों में शामिल कर सकें।

कई खेल पत्रकार एक या दो प्रकाशनों के लिए काम करते हैं और साल के दौरान विभिन्न खेलों की देखरेख करते हैं। इसका मतलब है कि उन्हें फुटबॉल, सॉकर, बेसबॉल, हॉकी, बास्केटबॉल और अन्य सहित विभिन्न खेलों की शब्दावली और स्कोरिंग सिस्टम से अच्छी तरह वाकिफ होना चाहिए।

इसके अलावा, खेल पत्रकार **पॉडकास्ट** और अन्य प्रारूपों में भी दिखाई दे सकते हैं, जो उनके नियोक्ता की ज़रूरत पर निर्भर करता है। हालाँकि उनका काम मुख्य रूप से प्रिंट में दिखाई देता है, लेकिन उन्हें बहुमुखी होना चाहिए।

कला : कला पत्रकारिता की एक शाखा है; जो दृश्य कला, फ़िल्म, साहित्य, संगीत, रंगमंच और वास्तुकला सहित कलाओं की रिपोर्टिंग और चर्चा से सम्बन्धित है, लेकिन इन्हीं तक सीमित नहीं है।

परम्परागत रूप से, कला के बारे में लिखने वाले पत्रकारों और आलोचकों की पृष्ठभूमि लेखन और कला दोनों में रही है; साहित्यिक आलोचना, मानविकी

और कला इतिहास में स्नातकोत्तर अध्ययन के अलावा, इस क्षेत्र में कोई अन्य औपचारिक उन्नत पत्रकारिता प्रशिक्षण उपलब्ध नहीं है।

उदाहरण के लिए एक कला पत्रिका एक प्रकाशन है, जिसका मुख्य विषय कला है, और इसमें कला निर्माण, क्यूरेटिंग, आलोचनात्मक सिद्धान्त या शिक्षण के अभ्यास से जुड़े लोगों द्वारा योगदान दिया जाता है, अन्य कार्यों के अलावा–चाहे वे संस्थान-आधारित हों, अकादमी-आधारित हों या स्वतन्त्र/स्व-शिक्षित हों। ऐसी पत्रिका प्रिंट, ऑनलाइन या दोनों में प्रकाशित हो सकती है और गैलरी, खरीदार, शौकिया या पेशेवर कलाकार और आम जनता सहित विभिन्न दर्शकों को लक्षित कर सकती है। संक्षेप में, कला पत्रिकाएँ या तो व्यापार या उपभोक्ता पत्रिकाएँ हो सकती हैं या दोनों।

इसके अलावा रेडियो और टीवी पर कला विषयों पर कार्यक्रम भी आयोजित किये जाते हैं।

इतिहास से वर्तमान तक

कला पत्रकारिता एक सदी से भी ज़्यादा समय से कला के बारे में लोगों से चर्चा करने और उन्हें जोड़ने का एक तरीका रही है। 1831 में बनायीं गयीं Lartiste जैसी पत्रिकाओं ने उन्नीसवीं सदी में समकालीन कला के प्रदर्शनों और पैटर्न के साथ-साथ कला आलोचना पर धारणाएँ प्रदान कीं। [1] पूरी दुनिया में पत्रकारों ने पाठकों तक संस्कृति और कला को पहुँचाने के लिए नृत्य, वास्तुकला, ललित कला और शिल्पकला पर रिपोर्ट की है।

आज, सोशल मीडिया जैसी विकासशील तकनीक के प्रभाव के कारण कला पत्रकारिता की पहुँच काफ़ी बढ़ गयी है। कला पत्रकारिता पर कुछ अध्ययनों में यह पता लगाया गया है कि तकनीक ने आम जनता की कला को देखने के तरीके को कैसे प्रभावित किया है, इसका एक उदाहरण यह है कि अब प्रदर्शनों का लाइव वीडियो बनाया जाता है और छवियों को तुरन्त अपलोड किया जा सकता है। [2] कला पत्रकारिता के कारण विभिन्न कलाओं से अन्य कलाओं पर ध्यान केन्द्रित करने में हुए बदलाव पर लेख प्रकाशित हुए हैं। 1955 से 2005 तक अमेरिकी, फ्रेंच, जर्मन और डच अख़बारों में कला पत्रकारिता के सम्बन्ध में किये गये एक अध्ययन में, शोधकर्ताओं ने पाया कि पॉप संस्कृति और सांस्कृतिक विज्ञापन पर सामग्री में वृद्धि हुई है, खासकर अमेरिकी अख़बारों में। [3] कला पत्रकारिता को

कभी-कभी सांस्कृतिक पत्रकारिता के रूप में सन्दर्भित किया जाता है क्योंकि कला पत्रकार अक्सर कलात्मक पहलुओं और सौन्दर्य प्रभाव वाले सांस्कृतिक कार्यक्रमों को कवर करते हैं। उनकी रिपोर्ट इन घटनाओं की पृष्ठभूमि के बारे में जानकारी प्रदान करती है और अक्सर प्रदर्शनों पर समीक्षा और प्रतिबिम्ब शामिल करती है। [4] कला और सांस्कृतिक पत्रकार ऐसे मुद्दों को प्रकाशित कर सकते हैं जो अन्यथा मीडिया में कभी मौजूद नहीं होते, जैसे कि ईसाई कला में रचनात्मकता और सौन्दर्यशास्त्र के मुद्दे, [5] विशेष रूप से लगभग 2000 के बाद से, जब कला पत्रकारिता का परिदृश्य कम पूर्णकालिक आलोचकों के साथ बदल रहा था, जिसके परिणामस्वरूप कला और संस्कृति के आसपास के मुद्दों (जैसे सार्वजनिक और कॉर्पोरेट फंडिंग या उनकी कमी) पर एक लेंस लगाया गया था।

हिन्दी फ़िल्मों में उर्दू प्रधान हिन्दी की अवधारणा

हिन्दी फ़िल्मों में उर्दू प्रधान हिन्दी के प्रयोग ने एक महत्त्वपूर्ण भूमिका निभायी है, जिसने भारतीय सिनेमा की भाषा और संस्कृति को आकार देने में एक योगदान दिया है। इस अवधारणा का उपयोग हिन्दी बोलचाल में उर्दू के शब्दों, वाक्यों और मुहावरों का किया जाता है, जिससे भाषा को समृद्धि, विशेषता और सांस्कृतिक समृद्धता का अनुभव होता है।

उर्दू प्रधान हिन्दी के उत्थान की मूल उत्पत्ति

हिन्दी फ़िल्मों में उर्दू प्रधान हिन्दी का प्रयोग भारतीय सिनेमा के प्रारम्भिक दिनों से जुड़ा है, जब उर्दू भारतीय फ़िल्म उद्योग की प्रमुख भाषा थी। बहुत से फ़िल्म निर्माता, लेखक और कवियों को उर्दू साहित्य और कविता का प्रभाव था और उन्होंने अपने काम में उर्दू तत्त्वों को शामिल किया। समय के साथ, हिन्दी और उर्दू के इस मिश्रण ने हिन्दी फ़िल्मों का विशेष लक्षण बना लिया।

हिन्दी फ़िल्मों में उर्दू प्रधान हिन्दी की विशेषताएँ

हिन्दी फ़िल्मों में उर्दू प्रधान हिन्दी की विशेषताएँ इस प्रकार हैं–

- 'खुदा हाफ़िज़', 'शुक्रिया', और 'माशाअल्लाह' जैसे उर्दू शब्दों और वाक्यांशों का प्रयोग।
- उर्दू कविता और शेरो-शायरी का सम्मिलन, जो अक्सर वाक्यों में गहराई और भावना को जोड़ने के लिए प्रयुक्त होती है। उदा : जावेद अख्तर, गुलज़ार की पंक्तियाँ
- उर्दू मुहावरों और कहावतों का प्रयोग, जैसे 'आँखों में आँसू' और 'दिल में दर्द'।
- उर्दू-वशित बोली जैसे 'दक्खनी' भाषा का उपयोग, जो भारत के उर्दू बोलने वाले क्षेत्र का विशेष चिह्न है।

हिन्दी फ़िल्मों में उर्दू प्रधान हिन्दी के उदाहरण

कई प्रसिद्ध हिन्दी फ़िल्में उर्दू प्रधान हिन्दी को प्रस्तुत करती हैं, जैसे–

- 'मुग़ल-ए-आज़म' (1960)
- 'प्यासा' (1957)
- 'मेरा साया' (1966)
- 'उमराव जान' (1981)
- 'दिलवाले दुल्हनिया ले जायेंगे' (1995)

निष्कर्ष

हिन्दी फ़िल्मों में उर्दू प्रधान हिन्दी ने भारतीय सिनेमा की भाषा और संस्कृति को आकार देने में एक महत्त्वपूर्ण भूमिका निभायी है। हिन्दी और उर्दू के इस मिश्रण ने हिन्दी फ़िल्मों को गहराई और सांस्कृतिक समृद्धता प्रदान की है, जिससे इन्हें भारतीय सांस्कृतिक धरोहर का एक अद्वितीय और अभिन्न हिस्सा माना जा सकता है।

हिन्दी फ़िल्मों के सांस्कृतिक लेन-देन का अध्ययन

हिन्दी फ़िल्मों में सांस्कृतिक आदान-प्रदान : विस्तृत विश्लेषण

हिन्दी फ़िल्में, जिन्हें बॉलीवुड के नाम से भी जाना जाता है, दशकों से भारतीय संस्कृति का महत्त्वपूर्ण हिस्सा रही हैं। ये फ़िल्में न केवल दर्शकों को मनोरंजन प्रदान करती हैं, बल्कि भारतीय समाज और संस्कृति को आकार देने में भी महत्त्वपूर्ण भूमिका निभाती हैं। हिन्दी फ़िल्मों के एक महत्त्वपूर्ण पहलू में से एक सांस्कृतिक आदान-प्रदान है, जो उनकी कथा में एक महत्त्वपूर्ण भाग है। इस लेख में, हम हिन्दी फ़िल्मों में सांस्कृतिक आदान-प्रदान और उनके भारतीय समाज पर प्रभाव का अन्वेषण करेंगे।

हिन्दी फ़िल्मों में सांस्कृतिक आदान-प्रदान का इतिहास

हिन्दी फ़िल्मों में सांस्कृतिक आदान-प्रदान का इतिहास भारतीय सिनेमा के प्रारम्भिक दिनों तक जाता है। 1950 और 1960 के दशक में, हिन्दी फ़िल्मों पर उर्दू साहित्य और कविता का बहुत प्रभाव था। इस दौर की फ़िल्में, जैसे–'मुग़ल-ए-आज़म' और 'प्यासा' ने भारतीय और पाकिस्तानी सांस्कृतिक धरोहर को प्रस्तुत किया। इन फ़िल्मों के संवाद, संगीत और गीतों में उर्दू का प्रभाव था, जो उस समय भारतीय फ़िल्म उद्योग की प्रमुख भाषा थी।

1970 और 1980 के दशक में हिन्दी फ़िल्में पश्चिमी संस्कृति के तत्त्वों को शामिल करने लगीं, जैसे कि डिस्को और रॉक संगीत। 'डिस्को डांसर' और 'रॉकी' जैसी फ़िल्में बड़ी हिट हुईं और उनके संगीत और नृत्य शैलियाँ भारत की युवा पीढ़ी द्वारा अनुकरण की गयी। यह सांस्कृतिक आदान-प्रदान 1990 और 2000 के दशक में भी जारी रही, जैसे 'दिलवाले दुल्हनिया ले जायेंगे' और 'कुछ-कुछ होता है' जैसी फ़िल्मों में भारतीय और पश्चिमी संस्कृतियों का मिश्रण प्रस्तुत किया गया।

हिन्दी फ़िल्मों पर वैश्विक संस्कृतियों का प्रभाव

हिन्दी फ़िल्मों पर विभिन्न वैश्विक संस्कृतियों का प्रभाव रहा है, जैसे–

- **पश्चिमी संस्कृति** : हिन्दी फ़िल्में पश्चिमी संस्कृति के तत्त्वों को शामिल कर चुकी हैं, जैसे संगीत, नृत्य और फैशन।
- **इस्लामी संस्कृति** : हिन्दी फ़िल्मों ने इस्लामी संस्कृति और परम्पराओं को प्रस्तुत किया है, जैसे–'मुग़ल-ए-आज़म' और 'उमराव जान'।
- **पंजाबी संस्कृति** : हिन्दी फ़िल्मों ने पंजाबी संस्कृति और परम्पराओं को प्रस्तुत किया है, जैसे 'दिलवाले दुल्हनिया ले जायेंगे' और 'वीर-जारा'।

हिन्दी फ़िल्मों का वैश्विक संस्कृतियों पर प्रभाव

हिन्दी फ़िल्मों ने वैश्विक संस्कृतियों पर भी प्रभाव डाला है, जैसे कि :

वैश्विक संगीत : हिन्दी फ़िल्म संगीत

वैश्विक रूप से प्रसिद्ध हुआ है, जैसे 'जय हो' और 'कजरा रे' जैसे गाने अन्तरराष्ट्रीय रूप से हिट बने हैं।

वैश्विक फैशन : हिन्दी फ़िल्म फैशन ने वैश्विक फैशन प्रवृत्तियों को प्रभावित किया है, जैसे कि साड़ियाँ, सलवार कमीज़ और बिन्दियाँ वैश्विक रूप से पॉपुलर हुई हैं।

वैश्विक नृत्य : हिन्दी फ़िल्म नृत्य शैलियाँ, जैसे कि बॉलीवुड डांस वैश्विक रूप से पॉपुलर हुई हैं और दुनियाभर में नृत्य कक्षाएँ और कार्यशालाएँ आयोजित की जाती हैं।

भारतीय समाज पर सांस्कृतिक आदान-प्रदान का प्रभाव

हिन्दी फ़िल्मों में सांस्कृतिक आदान-प्रदान का प्रभाव भारतीय समाज पर महत्त्वपूर्ण रहा है। इन फ़िल्मों ने भारतीय संस्कृति, मूल्य और धारोहर को आकार देने में एक महत्त्वपूर्ण भूमिका निभायी है। उन्होंने भारतीय फैशन, संगीत और नृत्य को प्रभावित किया है। हिन्दी फ़िल्मों के संवाद और गीत भारतीय भाषा और संस्कृति का अभिन्न हिस्सा बन गए हैं।

इसके अलावा हिन्दी फ़िल्मों ने वैश्विक संस्कृतियों को भी प्रोत्साहन दिया है। उन्होंने वैश्विक दर्शकों को भारतीय परमपराओं, मूल्यों और विश्वासों को प्रस्तुत करने में महत्त्वपूर्ण भूमिका निभायी है। 'लगान' और 'तारे जमीन पर' जैसी फ़िल्में अन्तरराष्ट्रीय प्रशंसा प्राप्त की हैं और भारतीय संस्कृति को वैश्विक रूप से प्रमोट करने में मदद की है।

निष्कर्ष

हिन्दी फ़िल्मों में सांस्कृतिक आदान-प्रदान उनकी कथा का एक महत्त्वपूर्ण हिस्सा रहा है। ये फ़िल्में न केवल दर्शकों को मनोरंजन प्रदान करती हैं, बल्कि भारतीय समाज और संस्कृति को आकार देने में भी महत्त्वपूर्ण भूमिका निभाती हैं। हिन्दी फ़िल्मों में सांस्कृतिक आदान-प्रदान एक दो-तरफा प्रक्रिया रही है, जिसमें भारतीय संस्कृति ने वैश्विक सिनेमा को प्रभावित किया है और वैश्विक संस्कृति ने भारतीय सिनेमा को प्रभावित किया है। इस आदान-प्रदान ने भारतीय संस्कृति को समृद्ध किया है और इसे वैश्विक रूप से बढ़ावा देने में मदद की है।

भाषा और प्रौद्योगिकी

भाषा और प्रौद्योगिकी का परिचय

1. भाषा प्रौद्योगिकी क्या है? (What is Language Technology)

भाषा प्रौद्योगिकी वह ज्ञानानुशासन है जिसके अन्तर्गत मानव भाषाओं के ज्ञान को विश्लेषित करके मशीन में इस प्रकार से स्थापित करने का प्रयास किया जाता है कि मशीन द्वारा भाषा सम्बन्धी कार्य कराये जा सकें। यह एक अन्तरानुशासनिक विषय है–जिसमें भाषा का पक्ष 'भाषाविज्ञान' (Linguistics) द्वारा और 'प्रौद्योगिकी/मशीन' का पक्ष 'कम्प्यूटर विज्ञान' (Computer Science) द्वारा सम्पन्न किया जाता है। इनमें से भाषाविज्ञान द्वारा किसी मानव भाषा का भाषावैज्ञानिक अध्ययन कर उसमें प्राप्त 'इकाइयों और नियमों की व्यवस्था' को सूत्ररूप में प्रस्तुत किया जाता है। 'कम्प्यूटर विज्ञान' से कम्प्यूटर के सम्बन्ध में केवल उतना ज्ञान अर्जित किया जाता है, जिससे भाषा वैज्ञानिक अध्ययन से प्राप्त ज्ञान को कम्प्यूटर में स्थापित किया जा सके।

सरल शब्दों में हम कह सकते हैं कि भाषा प्रौद्योगिकी के दो पक्ष हैं—

- पहले पक्ष में मानव भाषाओं का सैद्धान्तिक अध्ययन-विश्लेषण किया जाता है (भाषाविज्ञान)
- दूसरे पक्ष में सैद्धान्तिक अध्ययन से प्राप्त ज्ञान को 'प्रोग्रामिंग भाषाओं और डाटाबेस' के माध्यम से मशीन में इस प्रकार से स्थापित किया जाता है कि मशीन मानव भाषा सम्बन्धी कार्यों को सम्पन्न कर सके। (कम्प्यूटर विज्ञान)

यहाँ ध्यान रखने वाली बात है कि प्रोग्रामिंग भाषाओं में मानव भाषाओं के सामान्य नियम नहीं दिये जा सकते। इसके लिए उन्हें तार्किक रचनाओं में ढालना पड़ता है। अत: दो अनुशासनों के योग के रूप में भाषा प्रौद्योगिकी की स्थिति इस प्रकार दर्शा सकते हैं–

भाषा प्रौद्योगिकी=भाषाविज्ञान+प्रौद्योगिकी (कम्प्यूटर और कम्प्यूटर आधारित मशीनें)

विश्लेषण और अनुप्रयोग की प्रक्रिया की दृष्टि से इसे निम्नलिखित चित्र में देख सकते हैं–

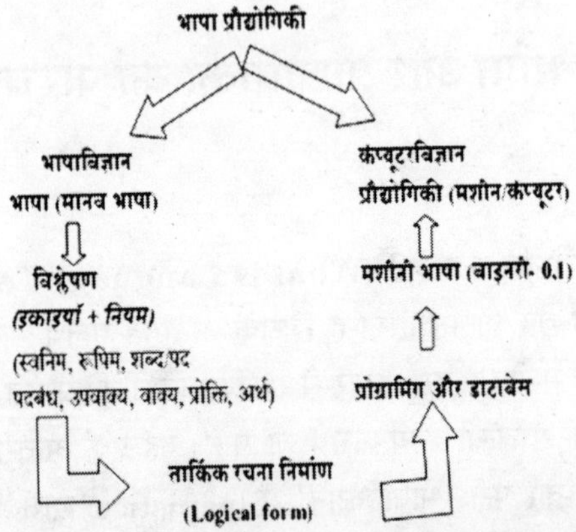

2. भाषा प्रौद्योगिकी और प्राकृतिक भाषा संसाधन (LT and NLP)

मानव भाषाओं के ज्ञान को तार्किक नियमों में ढालते हुए मशीन में संसाधित करने की प्रक्रिया प्राकृतिक भाषा संसाधन है अर्थात् प्राकृतिक भाषा संसाधन वह प्रक्रिया है जिसके माध्यम से मानव भाषाओं के ज्ञान को मशीन में इस प्रकार से स्थापित किया जाता है कि उसके द्वारा मानव भाषाओं से सम्बन्धित कार्य कराये जा सकें। अतः भाषा प्रौद्योगिकी और प्राकृतिक भाषा संसाधन दोनों का लक्ष्य एक ही है। दोनों में अन्तर यह है कि भाषा प्रौद्योगिकी एक ज्ञानानुशासन (विषय) है, जबकि प्राकृतिक भाषा संसाधन एक प्रक्रिया है। अतः दोनों को एक साथ रखते हुए कहा जा सकता है कि भाषा प्रौद्योगिकी एक ज्ञानानुशासन (विषय) है, जिसमें प्राकृतिक भाषा संसाधन का कार्य किया जाता है और उसका अध्ययन-अध्यापन किया जाता है।

अतः कह सकते हैं–

कथन–01 : भाषा प्रौद्योगिकी एक अन्तरानुशासनिक ज्ञानानुशासन है।

कथन–02 : प्राकृतिक भाषा संसाधन एक प्रक्रिया या ज्ञान क्षेत्र है।

=प्राकृतिक भाषा संसाधन वह प्रक्रिया या ज्ञानक्षेत्र है जिससे सम्बन्धित कार्य भाषा प्रौद्योगिकी में किया जाता है।

उपर्युक्त चित्र के माध्यम से ही इसे निम्नलिखित प्रकार से दर्शाया जा सकता है–

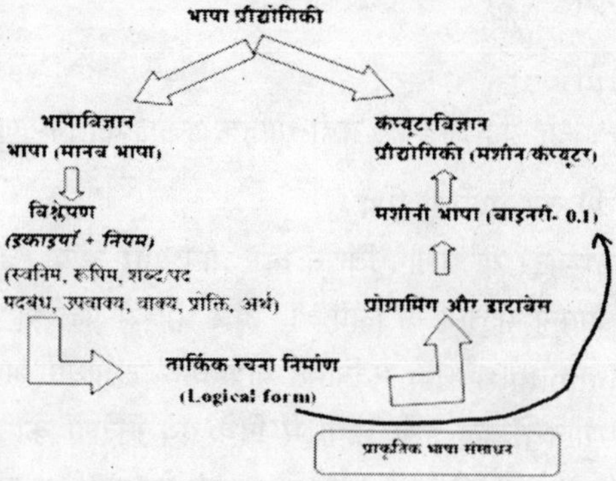

3. भाषा प्रौद्योगिकी और प्राकृतिक भाषा संसाधन सम्बन्धी विविध पक्ष

3.1 प्राकृतिक भाषा संसाधन : प्रकार

- पाठ संसाधन (Text Processing)

भाषा के लिखित रूप के संसाधन से सम्बन्धित।

- वाक् संसाधन (Speech Processing)

भाषा के वाचिक रूप के संसाधन से सम्बन्धित।

3.2 प्राकृतिक भाषा संसाधन :स्तर

- शब्द संसाधन (Word-Processing)
- वाक्य संसाधन (Sentence Processing)
- पाठ संसाधन (Text Processing)

3.3 प्राकृतिक भाषा संसाधन : उपागम

- नियम आधारित (Rule Based)

भाषा वैज्ञानिक/व्याकरणिक नियम + शब्दकोश

- कार्पस आधारित (Corpus Based)

सांख्यिकीय नियम + कार्पस

- संकर (Hybrid)–

(क) नियम + सांख्यिकी (ख) सांख्यिकी + नियम

3.4 प्राकृतिक भाषा संसाधन : दिशाएँ

- विश्लेषण (Analysis)

बड़ी भाषिक इकाई का इनपुट मिलने पर उसमें लगी छोटी इकाइयों और उनकी व्यवस्था प्राप्त करना।

- प्रजनन (Generation)

छोटी-छोटी भाषिक इकाई को जोड़कर बड़ी भाषिक इकाई का निर्माण करना।

4. भाषा प्रौद्योगिकी का मशीनी पक्ष

हम जानते हैं कि कम्प्यूटर या मशीन विद्युत के 'ऑन और ऑफ' द्वारा संचालित होती है, जिसे हम अपनी सुविधा के लिए '1' और '0' से प्रदर्शित करते हैं और इनके संयोजनों (Combinations) से निर्मित भाषा को 'द्विआधारी भाषा' (बाइनरी भाषा) कहते हैं। मशीन केवल इसी भाषा में दिये गये निर्देशों को समझने और संसाधित करने में सक्षम होती है। इस भाषा में आदेश देने के लिए संयोजित कोड इस प्रकार दिखाई देते हैं–00100101, 10101110 आदि। शून्य और एक के ये दो संयोजन हैं, जिनके माध्यम से मशीन को दो बातें बतायी जा सकती हैं। एक पूरे कम्प्यूटर को संचालित करने के लिए ऐसे हजारों-लाखों कोड दिये जाते हैं। स्पष्ट है कि किसी व्यक्ति द्वारा ऐसे कोडों को याद रख पाना सम्भव नहीं है। इसीलिए प्रोग्रामिंग भाषाओं का विकास किया गया। अत: भाषा प्रौद्योगिकी के शोधकर्ता को किसी मानव भाषा के ज्ञान को मशीन में स्थापित करने के लिए प्रोग्रामिंग भाषा का ज्ञान आवश्यक है। इसी प्रकार भाषा की आधारभूत इकाइयाँ हैं–शब्द और वाक्य। इनका विशाल संचय शब्दकोश और कार्पस में किया जाता है। कम्प्यूटर में इस प्रकार का संरचित संचय डाटाबेस के माध्यम से किया जाता है। अत: भाषा प्रौद्योगिकी के शोधकर्ता को किसी-न-किसी डाटाबेस प्रबन्धन प्रणाली का भी ज्ञान होना चाहिए।

इन्हें बिन्दु रूप में इस प्रकार से दर्शा सकते हैं–

- डाटाबेस + प्रोग्रामिंग
- प्रोग्राम की प्रक्रिया

इसमें एल्गोरिद्म, फ्लोचार्ट, कथन, ऑपरेटर, चर/अचर, भाषा संसाधन सम्बन्धी मेथड और प्रक्रियाएँ सब आ जाते हैं।

5. भाषा प्रौद्योगिकी के अनुप्रयोग क्षेत्र

इसके अन्तर्गत वे क्षेत्र आते हैं, जिनमें भाषा प्रौद्योगिकी सम्बन्धी ज्ञान का प्रयोग

करते हुए विविध प्रकार की मशीनी प्रणालियों का विकास किया जाता है। ऐसे कुछ प्रमुख क्षेत्र निम्नलिखित हैं–

- मशीनी अनुवाद (Machine Translation)
- पाठ से वाक् और वाक् से पाठ (TTS & STT)
- ओ.सी.आर. (OCR)
- संगणकीय कोश (Computational lexicon)
- लिप्यन्तरण (Transliteration)
- सूचना प्रत्यानयन (Information Retrieval)
- पाठ सारांशीकरण (Text Summarization)
- संगणक साधित भाषा अधिगम/शिक्षण (CAL Learning/Teaching)
- प्रश्न उत्तर प्रणालियाँ (Question Answering Systems)
- कृत्रिम बुद्धि (Artificial Intelligence).

लोकप्रिय हिन्दी वेबसाइटों का परिचय

कम्प्यूटर के विकास से समाज के विभिन्न क्षेत्रों में काम करने की काफी सुविधाएँ प्राप्त हो गयी हैं। कम्प्यूटरों की उपयोगिता को ध्यान में रखते हुए दुनिया-भर के कम्प्यूटरों को उपग्रह के माध्यम से जोड़ने की पहल की गयी। इसे इंटरनेट यानी कम्प्यूटरों का जाल कहा जाता है ।

इंटरनेट के आ जाने से सूचनाएँ पल भर में दुनिया के एक कोने से दूसरे कोने में पलक झपकते ही भेजी जा सकती है। ऑफिसों की फाइलें अपने एक ऑफिस से दूसरे ऑफिस तक पहुँचाने में कई दिन लग जाते थे, लेकिन अब पल भर में भेजी जा सकती है और उस पर कार्रवाई होकर पलभर में ही वापस भी आ सकती है। यही नहीं सूचना जगत में इंटरनेट से क्रान्ति-सी आ गयी है । कोई भी सूचना पल भर में ही कहीं भी पहुँचायी जा सकती है।

इंटरनेट की उपयोगिता को देखते हुए अब इस हिन्दी में भी कई वेब-साइट्स खुल गयी हैं। बेव दुनिया डॉट काम (webdunia.com) ऐसी ही एक साइट है जिस पर आप सिर्फ हिन्दी भाषा में सूचनाएँ प्राप्त कर सकते हैं। इसमें समाचारों के अलावा समाज के हर क्षेत्र से सम्बन्धित सूचनाएँ हिन्दी में उपलब्ध हैं। इसी तरह रेडिफ डाट काम (rediff.com) तथा इंडिया डॉट काम (india.com) पर भी हिन्दी की साइट्स तथा पोर्टल मौजूद हैं। अब तो हिन्दी में छपने वाले प्रमुख समाचार-पत्र तथा पत्रिकाएँ भी इंटरनेट पर उपलब्ध हैं। अब दुनिया में कहीं भी छपने वाला हिन्दी का अखबार अथवा पत्रिका आप घर बैठे इंटरनेट के माध्यम से देख और पढ़ सकते हैं। हिन्दी में खोली गयी वेबसाइटों की एक विशेषता यह भी है कि इसमें आप हिन्दी में ही कमांड दे सकते हैं तथा सूचनाएँ प्राप्त करने के लिए लिख सकते हैं। हिन्दी साहित्य प्रेमी 'अनुभूति अभिव्यक्ति डॉट कॉम' की साइट खोलकर पूरा-पूरा आनन्द प्राप्त कर सकते हैं और साहित्य की अलभ्य सामग्री प्राप्त कर सकते हैं। (1) हिन्दवी, (2) गद्य कोश, (3) कविता कोश, (4) हिन्दी काव्य कोश।

विभिन्न सॉफ्टवेयर, डेटा प्रोसेसिंग सिस्टम का परिचय

भारतीय भाषाओं में काम करने वाले सॉफ्टवेयरों के विकास से सबसे अधिक क्रान्ति सूचना प्रौद्योगिकी के क्षेत्र में आयी है। इन भाषाओं में सबसे पहले हिन्दी भाषा में काम करने के लिए सॉफ्टवेयर विकसित किये गये। भारत में पहला व्यक्तिगत हिन्दी कम्प्यूटर 15 दिसम्बर 1997 को प्रस्तुत किया गया। यह पहली और एक मात्र कम्प्यूटर संचालित हिन्दी-प्रणाली है और उसका डाटा विकास का कार्य आई.बी. एम. ने किया है। आई.बी.एम. ने हिन्दी-कम्प्यूटर डॉस के रूप में पी.सी. 386 का कम मूल्यों में निर्यात करने का निर्णय लिया। अब ये कम्प्यूटर हिन्दी भाषी लोगों के लिए सस्ते दामों पर उपलब्ध हैं । इनसे बेहतर प्रणाली के कम्प्यूटर जैसे–पैंटीयम- I, II, III और IV उपलब्ध हैं और इस क्षेत्र में अधिकाधिक प्रयोग किये जा रहे हैं। फरवरी 1998 में क्षेत्रीय भाषा में कम्प्यूटर प्रणाली विकसित करने का काम भारत की दो सॉफ्टवेयर और हार्डवेयर कम्पनियों एम.ए.आई. (MAI) और एन.आई. एस.सी.ओ.एम. (NISCOM) ने प्रारम्भ किया। इन्होंने गैर अंग्रेजी भाषी लोगों की आवश्यकता को देखते हुए 'भारत भाषा' नाम से एक परियोजना की शुरुआत की। गोदरेज बायस, एच.सी.एल. सूचना प्रणाली, निट (NIIT), टाटा आई.बी. एम. तथा ज़ेनिथ ने इस परियोजना में सहभागिता निभाने पर सहमति जतायी। इनके अतिरिक्त सी-डैक, सॉफ्टेक, सोनाटा, सॉइरस, ए.सी.ई., एस.एस.आर., जी.वी-सोफ्ट, आर.के. कम्प्यूटर्स नामक कम्पनियों ने आई.एस.एम. अक्षर फॉर विंडोज, प्रकाशक, श्रीलिपि, आकृति विंकी, ए.पी.एस. सुविंडोज आई.एस.एम. नामक सॉफ्टवेयर तैयार किए हैं जो अंग्रेज़ी और हिन्दी के अतिरिक्त अन्य भारतीय भाषाओं में भी काम करते हैं। इन सभी का प्रयोग एम.एस.वर्ड और एक्सल, पावर पॉइंट के वातावरण में कार्य करने के लिए किया जाता है। ये सभी विंडोज, 95, 98, 2000 के प्लेटफार्म पर कार्य करते हैं। आई.एस.एम., प्रकाशक, श्रीलिपि सभी

भारतीय भाषाओं में कार्य कर रहे हैं। आकृति में हिन्दी और मराठी भाषा उपलब्ध है। इस परियोजना के अन्तर्गत देवनागरी, गुजराती, गुरुमुखी लिपियों के लिए शुशा (SHUSHA) नाम की एक नयी फॉन्ट प्रणाली का विकास कर लिया गया है तथा अब बांग्ला, असमिया और उड़िया लिपियों के लिए भी इसी तरह की फॉन्ट प्रणाली जल्दी ही उपलब्ध होने जा रही है।

अक्षर फॉर विंडोज़ में दिव्या तथा निशा फॉन्ट में कार्य करने की विशेषताओं के अतिरिक्त कई अन्य विशेषताएँ भी हैं। इसमें हिन्दी शब्द को स्पेल चेक तथा हिन्दी के शब्द ढूँढ़ कर बदलने का कार्य भी किया जा सकता है।

खुले तौर पर/ सुझाये गये विषय सिनेमा और हिन्दी-अन्तर विषयक दृष्टिकोण

हिन्दी सिनेमा का सौंदर्यशास्त्र

हिन्दी सिनेमा का सौंदर्यशास्त्र एक विशिष्ट और विविधतापूर्ण विषय है, जिसमें फ़िल्मों के माध्यम से दर्शकों को एक अनोखा अनुभव प्रदान किया जाता है। हिन्दी सिनेमा में सौंदर्यशास्त्र का अर्थ फ़िल्मों के दृश्य और श्रव्य पहलुओं के संयोजन से है, जो दर्शकों को एक अद्वितीय और आकर्षक अनुभव प्रदान करता है।

हिन्दी सिनेमा के सौंदर्यशास्त्र में फ़िल्मों के विभिन्न पहलुओं का समावेश होता है, जैसे कि कथा, पटकथा, निर्देशन, अभिनय, संगीत, नृत्य, और छायांकन। इन सभी पहलुओं के संयोजन से हिन्दी सिनेमा की एक अनोखी पहचान बनती है, जो दर्शकों को आकर्षित करती है और उन्हें एक अद्वितीय अनुभव प्रदान करती है।

हिन्दी सिनेमा के सौंदर्यशास्त्र में फ़िल्मों के विभिन्न शैलियों का भी समावेश होता है, जैसे कि रोमांस, एक्शन, ड्रामा, कॉमेडी, और सामाजिक फ़िल्में। इन शैलियों में फ़िल्मों के विभिन्न पहलुओं का संयोजन होता है, जो दर्शकों को एक अद्वितीय और आकर्षक अनुभव प्रदान करता है।

हिन्दी सिनेमा के सौंदर्यशास्त्र में फ़िल्मों के प्रभाव का भी समावेश होता है, जो दर्शकों को एक अद्वितीय और आकर्षक अनुभव प्रदान करता है। फ़िल्मों के प्रभाव में फ़िल्मों के दृश्य और श्रव्य पहलुओं का संयोजन होता है, जो दर्शकों को आकर्षित करता है और उन्हें एक अद्वितीय अनुभव प्रदान करता है।

हिन्दी सिनेमा के सौंदर्यशास्त्र में फ़िल्मों के सामाजिक और सांस्कृतिक पहलुओं का भी समावेश होता है, जो दर्शकों को एक अद्वितीय और आकर्षक अनुभव प्रदान करता है। फ़िल्मों के सामाजिक और सांस्कृतिक पहलुओं में फ़िल्मों के विभिन्न पहलुओं का संयोजन होता है, जो दर्शकों को आकर्षित करता है और उन्हें एक अद्वितीय अनुभव प्रदान करता है।

निष्कर्ष

हिन्दी सिनेमा का सौंदर्यशास्त्र एक विशिष्ट और विविधतापूर्ण विषय है, जिसमें फ़िल्मों के माध्यम से दर्शकों को एक अनोखा अनुभव प्रदान किया जाता है। हिन्दी सिनेमा में सौंदर्यशास्त्र का अर्थ फ़िल्मों के दृश्य और श्रव्य पहलुओं के संयोजन से है, जो दर्शकों को एक अद्वितीय और आकर्षक अनुभव प्रदान करता है।

सिनेमा समीक्षा

सिनेमा समीक्षा एक महत्त्वपूर्ण और गहरा विषय है, जो कि दर्शकों को फ़िल्मों के बारे में सही जानकारी प्राप्त करने में मदद करता है। यहाँ कुछ महत्त्वपूर्ण पहलू हैं :

विश्लेषणात्मक दृष्टिकोण : समीक्षक एक फ़िल्म को अन्य लोगों की तुलना में गहराई से विश्लेषित करता है। वे दिशा-निर्देश, कहानी, कलाकारी के अलावा और भी कई मामलों पर ध्यान केंद्रित करते हैं। इससे दर्शकों को फ़िल्म की समझ में मदद मिलती है।

आलोचनात्मक मूल्यांकन : समीक्षा व्यक्तिगत रूप से फ़िल्म के प्रति दृष्टिकोण प्रस्तुत करती है। यह उनके विचारों, विशेषताओं, और समस्याओं को उजागर करने में मदद करती है, जिससे दर्शक समझ सकते हैं कि फ़िल्म उन्हें कैसे प्रभावित करेगी।

गुणवत्ता का मानक निर्धारण : समीक्षाएँ फ़िल्म की गुणवत्ता को मापने में मदद करती हैं। विभिन्न मापदंडों के माध्यम से वे यह दर्शाती हैं कि किस मायने में फ़िल्म उत्कृष्ट है या फिर उसमें क्या कमी है।

दर्शकों का मार्गदर्शन : समीक्षाएँ दर्शकों को फ़िल्म देखने के पहले एक जानकारी प्रदान करती हैं। वे उन्हें फ़िल्म के विषय, उसकी भावनाओं और संदेश के बारे में सुझाव देती हैं, जिससे दर्शक अपनी फ़िल्म-चयन में सहायक होते हैं।

सांस्कृतिक प्रभाव : विशेष रूप से बड़ी फ़िल्मों के लिए, समीक्षा सांस्कृतिक विचारों और अनुभवों को अद्वितीय दृष्टिकोण से प्रस्तुत करती है। इससे समाज में फ़िल्मों के प्रभाव को समझने में मदद मिलती है।

इस प्रकार, सिनेमा समीक्षा न केवल फ़िल्म उद्योग में महत्त्वपूर्ण भूमिका निभाती है, बल्कि यह दर्शकों को एक सार्थक और विचारशील दृष्टिकोण प्रदान करती है जो उन्हें विभिन्न कलाकारी रूपों की समझ में मदद करता है।

लोकप्रिय हिन्दी सिनेमा में हिन्दी

हिन्दी सिनेमा में हिन्दी की भूमिका बहुत ही महत्त्वपूर्ण है। हिन्दी सिनेमा के विकास में हिन्दी भाषा का योगदान अतुलनीय है। हिन्दी सिनेमा में हिन्दी के माध्यम से फ़िल्मों की पटकथा, संवाद, गाने, और सामाजिक संदेश दिए जाते हैं।

हिन्दी सिनेमा में हिन्दी के प्रयोग से फ़िल्मों को एक विशिष्ट पहचान मिलती है। हिन्दी सिनेमा में हिन्दी के माध्यम से फ़िल्मों के पात्रों के संवाद, गाने, और सामाजिक संदेश दिए जाते हैं, जो दर्शकों को आकर्षित करते हैं और उन्हें एक अद्वितीय अनुभव प्रदान करते हैं।

हिन्दी सिनेमा में हिन्दी के प्रयोग से फ़िल्मों की गुणवत्ता में भी सुधार होता है। हिन्दी सिनेमा में हिन्दी के माध्यम से फ़िल्मों के पात्रों के संवाद, गाने, और सामाजिक संदेश दिए जाते हैं, जो दर्शकों को आकर्षित करते हैं और उन्हें एक अद्वितीय अनुभव प्रदान करते हैं।

हिन्दी सिनेमा में हिन्दी के प्रयोग से फ़िल्मों की पहुँच भी बढ़ती है। हिन्दी सिनेमा में हिन्दी के माध्यम से फ़िल्मों के पात्रों के संवाद, गाने, और सामाजिक संदेश दिए जाते हैं, जो दर्शकों को आकर्षित करते हैं और उन्हें एक अद्वितीय अनुभव प्रदान करते हैं।

निष्कर्ष

हिन्दी सिनेमा में हिन्दी की भूमिका बहुत ही महत्त्वपूर्ण है। हिन्दी सिनेमा के विकास में हिन्दी भाषा का योगदान अतुलनीय है। हिन्दी सिनेमा में हिन्दी के माध्यम से फ़िल्मों की पटकथा, संवाद, गाने, और सामाजिक संदेश दिए जाते हैं, जो दर्शकों को आकर्षित करते हैं और उन्हें एक अद्वितीय अनुभव प्रदान करते हैं।

हिन्दी सिनेमा में लैंगिक प्रतिनिधित्व

लैंगिक भूमिकाओं का प्रतिनिधित्व हिन्दी फिल्मों में : समाज की जेंडर व्यवस्था के अनुरूप ही हिन्दी फिल्मों ने लैंगिक भूमिकाओं को पेश किया है। घर औरतों के लिए और बाहर की दुनिया पुरुषों के लिए तय रखी थी और यही सोच हिन्दी फिल्मों में भी हावी थी। पुरुषों को कामगार, मेहनती, व्यस्त और परिवार का मुखिया दिखाया जाता था। इसी दौर में औरतों को घूंघट में और घरेलू, ममतामय,त्यागशील दिखाया गया था। सामाजिक परिवर्तन के अनुरूप फिल्मों की जेंडर भूमिकाएं भी बदलने लगी। कामकाजी, बौद्धिक, स्वतंत्र चिंतन, होशियार, बहु कामकाजी औरतों को हिन्दी सिनेमा ने दिखाया। समसामयिक हिन्दी फिल्मों में औरतो पुरुषो और ट्रांस व्यक्तियों को उनकी पूर्व निर्धारित सीमा से बाहर एक नए दृश्य प्रदान किए।

हिन्दी सिनेमा में पुरुषों का प्रतिनिधित्व : हिन्दी सिनेमा ने पुरुषों को शारीरिक और बौद्धिक संबलता के प्रतीक की तरह दिखाया जाता था। बल और सत्ता पुरुष पात्रों के स्वरूप थे। सामाजिक नवीकरण और समाज की सोच में बदलाव के साथ फिल्मों में पुरुष पात्रों की अभिव्यक्ति में भी बदलाव आया। अनेक फिल्मों ने भावुक, कमजोर पुरुष पात्रों के साथ ही हर जेंडर को समान नजरिया देने वाले पुरुष पात्रों को दिखाया है। समकालीन हिन्दी फिल्मों में लैंगिक समता, लैंगिक भूमिकाओं के बदलाव के साथ ही हर जेंडर अस्मिता को अहमियत देने का प्रत्यक्ष प्रयास किया है। 8:00 a.m. मेट्रो, रॉकी रानी की प्रेम कहानी के मुख्य किरदार इस सामाजिक बदलाव के प्रतीक है।

ट्रांसजेंडर का प्रतिनिधित्व : पुरानी हिन्दी फिल्मों ने ट्रांस अस्मिताओं को भद्दे मजाक और घृणा के योग्य दिखाया था। समाज भी इनके प्रति असंवेदनशील था। यही असंवेदनशीलता हिन्दी फिल्मों में भी दिखाई पड़ने लगी। ट्रांस व्यक्ति अपनी अस्मिता और अन्यथा बोध के शिकार बन गए। संवैधानिक और कानूनी अधिकारों ने समाज में ट्रांस व्यक्तियों का अस्तित्व सशक्त किया। सामाजिक

नजरिया ट्रांस व्यक्तियों के प्रति बदलने लगा और हिन्दी फिल्मों में ट्रांस अस्मिताओं की कहानी 1990 के बाद निकलने लगी। अनेक फिल्मकारों ने ट्रांस व्यक्तियों को उनकी पूरी अस्मिता के साथ फिल्मों में दिखाया। आज के हिन्दी फिल्मों में ट्रांस व्यक्तियों की भूमिका खुद ट्रांस व्यक्ति करने लगे हैं।

हिन्दी फिल्मों में महिला पात्रों का प्रतिनिधित्व : हिन्दी सिनेमा के इतिहास में महिला पात्रों को एक निश्चित दायरे में रखने वाली फिल्में ही ज्यादा है। यह भी सच है कि ऐसी फिल्मों की कड़ी आलोचना उस दौर में भी हुई थी इस दौर में भी हो रही है। फिल्मकार और पटकथा लेखक अपनी सीमित या विशाल सोच को फिल्मों में दिखाते हैं। औरतों को आस्वादन की चीज या कमतर जेंडर समझने वाले फिल्मकार उन्हें उसी तरीके से पेश करते हैं। औरतों को समान समझने वाले फिल्मकार उन्हें समान दर्जे के साथ फिल्मों में पेश करते हैं। फिल्मों ने अबला नारी के साथ ही सक्षम नारी को हमेशा दिखाया है। उदाहरण के लिए: मदर इंडिया (1957) अर्थ (1982)।

निष्कर्ष : हिन्दी सिनेमा भारतीय समाज का झरोखा है। समाज के बदलते रुख, बदलती जेंडर व्यवस्था ,संवैधानिक और कानूनी अधिकारों की प्रबलता ने इंसानों की तरह सिनेमा को भी बदलाव के लिए प्रेरित किया। तकनीकी विशेषज्ञता के बढ़ने के साथ ही नए दौर की नई सोच ने सिनेमा को उभर कर आने का निरंतर मौका दिया। इसी वातावरण में हिन्दी सिनेमा ने जेंडर प्रतिनिधित्व के मामले में प्रगति का रास्ता अपनाया।